新約經文鑑別學概論

黃錫木 著

基道出版社

▼

聖經研究叢書

新約經文鑑別學概論

Introduction to New Testament Textual Criticism

作者
黃錫木 Wong, Simon S. M.

責任編輯
伍美詩

裝幀設計
郭曉勤

■

出版／發行
基道出版社
香港沙田火炭坳背灣街 26 號富騰工業中心 10 樓 1011 室
LOGOS PUBLISHERS
Unit 1011, 10/F, Fo Tan Ind. Centre, 26 Au Pui Wan St., Shatin, Hong Kong
電話：(852) 2687-0331　傳真：(852) 2687-0281
網址：https://www.logos.com.hk

承印
寶華數碼印刷有限公司

●

10/1997 初版　8/2002 二版
4/2015 二版 POD 版
Cat. No. LP126-2A
ISBN-10: 962-457-127-9
ISBN-13: 978-962-457-127-1

Printed in Hong Kong

刷次	12	11	10	9	8	7	6	5	4
年份	2030	2029	2028	2027	2026	2025	2024	2023	

紀念

家父

黃漢强先生

(1913-1993)

鮑序

新約經文版本考證鑑別是一門極專業性的學問。在中文的參考書中多年來都沒有這方面的著作，因此在中文的教學工作中，教授此類有關的課程時，很難找到參考資料。現在黃錫木博士將他多年的研究成果寫成了《新約經文鑑別學概論》一書。此書的出版，一方面滿足了一個迫切的需要，同時對中國的神學教育及教會作了極實際的貢獻。

經文版本鑑別學的研究不單可以使學生明白經文版本訂定的歷史過程及訂定的原則，而且明白了此門學問的科學性的運作，可以更加強我們對現有經文版本的信心。

黃錫木博士是一位愛主及治學嚴謹的學者，他的著作在各方面給人諸多啓發和幫助，在他事奉的圈子裏非常受人尊敬。這本書的出版對神學工作者及有志追求的弟兄姊妹成爲一個極有效的工具。願神賜福使用這本書，更好的裝備事奉主的人。

鮑會園

一九九七年三月　於美國加州

自序

Textual Criticism是聖經研究多門學科之一，在二十世紀前又稱爲「低等批判學」（Lower Criticism）。與這詞連用的是「高等批判學」（Higher Criticism），即包括聖經各卷的歷史問題，如作者、寫作日期和地點等討論。但由於所有經文的討論必須建構於經文的考證上，因此研究經文文本這學科便稱爲「低等批判學」。雖然原來「低等」一詞的意思是「基本」和「根基性」，指經文研究上的首要工作，但這詞的確帶來一些不必要的誤會，再加上「批判」始終帶有一種非常負面的含義，因此在今天的聖經研究界，「低等批判學」這名稱已鮮爲人用。在華人的聖經研究界，這學科也有兩個不同的繙譯：「新約經文鑑別學」和「新約文獻鑑別學」。從詞意來看，後者的焦點似乎是著眼於各種文獻的歷史研究，而前者則重視重建一份最接近原稿的文本，因此，筆者便選用「新約經文鑑別學」爲本書的題目，深信更能代表這學科的目的。「新約經文鑑別學」是研究有關希臘文新約聖經的文獻流傳和重整原來文本的一門學科。

多年以來，B．M．梅茨格（B.M. Metzger）的《新約經文鑑別學》中文版（中華福音神學院，台灣，1981 年）可算幫了華人神學生一個大忙。由於中文神學教科書嚴重缺乏，我們有幸能以母語讀梅氏畢生研究的成果，可謂天大的福氣。不過很可惜，大部分華人神學生都只能在修讀新約導論或新約希臘文的同時，投資少部分時間來學這門課題，因此梅氏這本著作也許會令多數人吃不消。在西方，我們亦見到這現象；因此，美國新約學者 D．A．布萊克（D.A. Black）在1994年就應這需要出版了 *New Testament Textual Criticism: A Concise Guide*（Grand Rapids, MI: Baker）。全書不到五十頁，討論的內容卻又似乎過分簡單。

有見及此，筆者才起意寫作這本教科書。這門學問確是筆者的喜好之一，然而其專門性和複雜性，筆者實不敢稱爲這方面的專家。幸而在過去希臘文學習中，亦涉及處理不少文本的問題。先在念神學時，特別參加著名經文鑑別學學者卡羅爾·D·奧斯本(Carroll D. Osburn)的一個特別暑期研習班，實在得益不少；在建道神學院亦連續六年教授這學科，再加上近年在聯合聖經公會（United Bible Societies）的事奉，特別有機會參與梅茨格的 *Textual Commentary* 的增訂版出版工作，令筆者在這方面學習不少；因此，筆者只可以以「盡點綿力」的精神，在這方面作一點貢獻。雖然本書並不是編譯自西方的經典著作，但在取材方面卻又不可避免使用西方學者的研究所得；本書的中文專門名詞大多是重新繙譯，務求清晰易明；大多數中文譯名是按商務印書館出版的《英語姓名譯名手冊》(1990)爲準。

本書旨在扼要地介紹新約經文鑑別學，同時力圖指出這門學科與新約希臘文釋經的關係，當然也少不了指出它與聖經繙譯的關係。另一方面，筆者亦希望讓高年級的同學能夠對一些重要的古卷有多一點認識，並能綜覽本世紀主要的新約經文鑑別學的理論和研究。因此，本書的第四章「一些重要的古卷」和第七章「二十世紀的新約經文鑑別學」便應這方面的需要而寫。第三章「古代著作的面貌」是屬古文書學的介紹，讀者可按其興趣而選擇。

不過，本書亦不僅爲神學生而寫，也是爲那些對這個課題有興趣的基督徒而寫。爲了照顧各形各色的讀者和提高本書易讀易懂的程度，筆者在討論各古卷的特色和內容時，以漸進的方式，將內容的困難程度分別在第二、四和第七章的首部分中介紹；採用這樣的介紹方式，少許的重複或許是不可避免的。書中的註腳主要是包括一些較次要的討論和在書目表沒有列出的參考書和論文。

此外，書中的聖經原文（主要是希臘文）均附有羅馬拼音，並在括號內加上中文（也許還有英文）的解釋。書首的「希臘文字母表」，不認識希臘文的讀者可先從中學習辨認希臘文的字母和拼音。書末還有很多輔助資料，方便參考：先有一章「*Nestle-Aland* 第二十七版符號對照表」，對那些能夠使用原文聖經的讀者來說，必定有很大的幫助；此外，附錄二有一篇評論「耶和華見證人」的《新世界譯本》的文章，這是第一本非正統教派繙譯和出版的譯本，值得我們留意。然後有四個索引，包括「中文主題索引」、「英文主題索引」、「中文人名索引」和「英文人名索引」。

目前兩本最通行的《聯合聖經公會希臘文新約聖經》第四版（*United Bible Societies' Greek New Testament—4th Revised Edition*，1993），和 *Nestle-Aland Greek New Testament—27th Edition*（1993）都是由聯合聖經公會出版（前者是與德國聖經公會聯合出版），它們除了被廣泛採用外，還代表了最能爲學術界所接受的新約聖經原文版本，因此，本書的討論皆以它們爲依據。

本書的寫成，有賴很多人的支持。首先要多謝幾位同道的慷慨贈言，給予莫大的鼓勵；特別是褚永華院長和張達民博士對第八章給予很多寶貴的意見。最感激的是有幸得到鮑會園牧師的賜教和提點，爲本書提序。鮑牧師畢生的勞苦成爲華人教會的基石，爲這一代信徒訂了模範。

很多謝幾位聯合聖經公會的同工的幫助：羅杰·奧曼森（Roger Omanson）把本書早期的英文版讀畢，給予筆者很多寶貴意見，薩拉·林德（Sarah Lind）提供幾份非常重要的文章，又有哈羅德·斯坎連（Harold Scanlin）給予很多幫助，提供希臘文古卷常用的大楷體電腦字型，令到在展示上更爲容易。多謝黃鳳賢和劉嘉儀在文稿上的幫助，亦給予不少意見；更有方兆龍先生協助本書編製索引。多謝 University of Michigan 的 Special Collections Library 和 Vaticanus Apostolica Biblioteca 分別提供蒲草紙 𝔓46 和《梵諦崗抄本》（Codex Vaticanus）的照片，並准許刊登在本書。

正如筆者在過去的出版，母會崇真會救恩堂的弟兄姊妹在禱告上的支持成爲我最大的原動力。內子潔瑛和小兒卓言，雖不太了解寫作的內容，但兩母子的支持又的確是有形有體的。卓言有一天問我：「你整天坐在電腦前面，究竟在幹甚麼？」我回答：「我在寫一本書」，他說：「那麼，俾心機寫，盡快做完，因爲我想玩電腦！」

基道出版社的同工，能在短短的時間內完成編輯和校對的事宜，實在感激不盡。縱然有各方面的幫助，書中的不足之處，筆者一概承擔。

求主繼續使用！

黃錫木謹誌

一九九七年六月四日

美國俄利根州，俄利根大學

希臘文字母表

大楷	小楷	名稱	音譯	讀音
Α	α	*a*lpha	a	father
Β	β	*b*eta	b	boy
Γ	γ	*g*amma	g	get
Δ	δ	*d*elta	d	dog
Ε	ε	*e*psilon	e	editor
Ζ	ζ	*z*eta	z	zoo
Η	η	*e*ta	ē	ate
Θ	θ	*th*eta	th	thief
Ι	ι	*i*ota	i	idiom
Κ	κ	*k*appa	k	kite
Λ	λ	*l*ambda	l	ladder
Μ	μ	*m*u	m	man
Ν	ν	*n*u	n	no
Ξ	ξ	*x*i	x	xerox, box
Ο	ο	*o*micron	o	opera
Π	π	*p*i	p	pray
Ρ	ρ	*r*ho	r	ray
Σ	σ / ς	*s*igma	s	say
Τ	τ	*t*au	t	tie
Υ	υ	*u*psilon	u	unity
Φ	φ	*ph*i	ph	fill
Χ	χ	*ch*i	ch	kill
Ψ	ψ	*ps*i	ps	psychic, tips
Ω	ω	*o*mega	ō	obey

這「希臘文字母表」簡單介紹希臘文的寫法和拼音。新約希臘文有二十四個字母，分別有大小楷之分（欄一和二）；小楷的 sigma 字母（第十八個字母）可有兩種寫法：「ς」只用於字尾，而字首或字中則用「 σ 」。欄三是字母的英文名稱，這名稱的首字母（有時首兩個字母）是該希臘字母以羅馬拼音寫法的音譯（欄四）。除以下例子外，這拼音寫法與該字母的讀音（欄五）非常接近：

γ 在 γ 、 κ 、 ξ 或 χ 前面，其音譯是「 ng 」；

η 和 ω 的音譯是「ē」和「ō」，「–」符號表示該字母是長音；相對 ε 和 o ，是短音「 e 」和「 o 」；

ξ 的音譯是「 x 」，而讀音就要視乎其位置：在字首，讀「 s 」，而在字中或字尾，則讀「 ks 」；

ψ 的音譯是「 ps 」，而讀音要視乎其位置：在字首，讀「 s 」，而在字中或字尾，則讀「 ps 」。

基本上，以上所顯示的希臘文讀音方法，是與英文相同；因此，在書中所提供的音譯，讀者均可按英文的讀音法便可。此外，希臘文還有一些音標是英文沒有的，例如，字首的母音均要加上一個「氣號」，有兩種：「有氣號」（῾）和「無氣號」（᾿），其中的有氣號的音譯是「 h-音」，而無氣號不影響發音，也就沒有音譯。此外，大多數希臘文字均有重音符號，分別是「 ´ 」、「῀」和「 ` 」；雖然這些重音符號在古時均代表不同的音調，但時至今日，大多數學者只把它們同視爲重音符號就是了。

目錄

第一章
新約經文鑑別學的重要性

絕大多數新約經文鑑別學書籍的首章均從非常專門和學術性的主題入手，例如研究古代著作的「古文書學」（ paleography ）和新約經文鑑別學的歷史。對於一般信徒和對這課題沒有認識的神學生來說，這種傳統入門的方式，往往會令讀者有種無所適從的感覺。在本書的開首一章裏，筆者嘗試從讀者的角度著眼，由這學科的「必須性」和「關切性」兩方面先解答一個普通卻是非常實際的問題：研究和應用新約經文鑑別學究竟有何用處？

1.1. 新約經文鑑別學的必須性

究竟爲何要研究新約經文鑑別學？一個簡單又快捷的答案是：因爲所有聖經「原稿」（ autograph ）都已經散失了；所謂「原稿」，是指聖經作者在寫下他們的作品時所用的那塊蒲草紙（ papyrus ）或皮卷。因此，新約經文鑑別學最終要達到的目的，就是重建一份最接近原稿的希臘文新約聖經文本。

可是，問題也不全然關乎原稿的散失。大概原稿若真的幸存，也只會給人拿來當做聖物膜拜而不是研讀吧！此外，我們亦不難想像，倘若這接近二千年的教會歷史流傳下來的新約文本只得一份，問題根本就不存在，大概那「獨一」的文本也會被視作原稿般神聖，毋庸質疑。又或者流傳下來凡記載有新約經文的眾多古卷，包括古代譯本和教父的著作等，「全」都是一模一樣的話，我們也毋須做經文校勘的工夫。然而，令我們感到束手無策的是：身為信徒，我們的信仰建基於上帝透過一本「書」所發出的啓示，而我們卻要面對一大堆歧異處極多的古卷，叫我們無所適從。正因新約經文鑑別學的目的是要重建一份可靠的希臘文新約聖經文本，故此這學科的學者必須首先審核所有包含希臘文新約聖經的資料，以確定它們的可靠程度。當然，要做到這一步，就必須採取嚴謹的方法和合理的步驟。

1.2. 新約經文鑑別學的關切性

不同的新約古卷的歧異不都是一樣的。無論所牽涉到的是一個字或一句話，甚至是整段經文（如約七 53~八 11），新約經文鑑別學稱這些有歧異的經文為「異文單位」或簡稱「異文」（ variant unit 或 variant ），而在每一個異文裏所顯示的個別歧異，稱之為「語句」（ reading ）[1]。換言之，要構成一個異文，至少有兩個不同語句的記錄。目前兩本最通行的希臘文新約聖經 *United Bible Societies' Greek New Testament* ——第四修訂版（聯合聖經公會與德國聖經公會聯合出版， 1993 ；簡稱 *UBSGNT*）和 *Nestle-Aland Greek New Testament* ——第二十七版（德國聖經公會， 1993 ；簡稱 *NA* ）[2] 均在其「校勘欄」內（位於一頁的底部分，英文稱為 critical apparatus [3]）列出很多異文： *UBSGNT* 共列出大概 1,500 個異文，而 *NA* 則超過 10,000 多個異文；但這仍不盡然。 *NA* 所列出的異文中，大多數是無關痛癢的，例

---

1 大多數語句均有某些古卷支持，然而有些學者卻會建構一些揣測式的修正式語句（英文稱為 conjectural emendation ），是沒有外證支持的。

2 在本書，除特別指示外， *UBSGNT* 和 *NA* 這兩個代號均代表最新的版本，即分別是第四版和第二十七版。

3 拉丁文是 *apparatus criticus* 。

如串字的方法（像中文的「裡」和「裏」，或英文的 colour 和 color）或字序的排列（就如「基督耶穌」和「耶穌基督」）。我們可算相當僥倖，因爲大多數異文都屬於這個類別。然而也有好些異文是嚴重的，且影響我們對聖經經文的理解和繙譯；這些異文均列在 *UBSGNT* 的校勘欄內（當然亦有包括在 *NA* 裏）。以下我們舉出三個例子，表明異文如何影響我們對經文的解釋；事實上，這種對經文不同的理解，已經反映在一些近代的聖經譯本上了。

1. **約翰福音一章 18 節 Θεὸν οὐδεὶς ἑώρακεν πώποτε; μονογενὴς[4] θεὸς ὁ ὢν εἰς τὸν κόλπον τοῦ πατρὸς[5] ἐκεῖνος ἐξηγήσατο**（*Theon oudeis heōraken pōpote; monogenēs theos ho ōn eis ton kolpon tou patros ekeinos exēgēsato*；從來沒有人見過上帝，只有與天父非常親近的（那位）特別的上帝將祂顯明出來； No one has even seen God. It is (the) only God, who is very close to the Father's heart, who has made him known.）**μονογενὴς θεός** 一語，在這裏顯然是指耶穌，尤其是指出祂那「神子」的身分。雖然這個語句已經有很好古卷作爲證據，然而較後期的一些抄寫員（copyist 或 scribe[6]）爲方便理解的緣故，就把 **μονογενὴς θεός** 改爲 **μονογενὴς υἱός**。這更動可謂由《拉丁文武加大譯本》

---

[4] 我們不宜在這裏詳細討論 **μονογενής**（*monogenēs*）的意思；總括來說，大部分聖經譯本都跟隨《拉丁文武加大譯本》（*Latin Vulgate*）及英文聖經的鼻祖《英皇欽定本》（*King James Version*），把 **μονογενής** 理解爲「獨生的」；然而從分析這字的組合（**μονο-γεν-**）來看，意思應是「獨特的」。

[5] **τὸν κόλπον τοῦ πατρός** 是一句習用語，描繪筵席之中座位最接近主人的客人，主客相方的座位距離愈近，表示他們的關係愈親密和重要；這句話並不是描畫一幅母親乳養小孩的圖畫。

[6] 傳統的英文詞彙均稱這些抄寫員爲 scribes ，有時繙成「文士」，但這譯詞很容易與猶太教派系中「文士」一詞混淆；因此本書均採用「抄寫員」，指出他們負起了流傳聖經的責任。

（*Latin Vulgate*）開始，以至二十世紀前幾乎所有的中英文譯本，都一直沿用著這個語句。直至現代的英文譯本，有譯作“The only Son, who is the same as God and ...”（*Today's English Version*）或譯作“The only Son, who is truly God and ...”（*Contemporary English Version*），可見其企圖使原文與傳統釋經諧協的努力，既保存了「獨生子」這傳統理解，又強調了原文 θεός 所表明的「上帝」的身分。

2. **約翰福音三章 13 節 καὶ οὐδεὶς ἀναβέβηκεν εἰς τὸν οὐρανὸν εἰ μὴ ὁ ἐκ τοῦ οὐρανοῦ καταβάς, ὁ υἱὸς τοῦ ἀνθρώπου**（*kai oudeis anabebēken eis ton ouranon ei mē ho ek tou ouranou katabas, ho huios tou anthrōpou*；除了那從天降下的人子，沒有人曾升過天；No one has ascended into heaven except the one who descended from heaven, the Son of man.）從上下文意來理解，這「人子」顯然就是指耶穌自己，然而，有些古卷卻在 ὁ υἱὸς τοῦ ἀνθρώπου（人子）之後多加 ὁ ὢν ἐν τῷ οὐρανῷ（祂仍在天上）一短語，來形容人子在與尼哥底母對話之時，祂仍在天上，這文本仍爲《新修定英皇欽定本》（*New King James Version*）所採用。

3. **馬可福音一章 2 節 Καθὼς γέγραπται ἐν τῷ Ἠσαΐᾳ τῷ προφήτῃ**（*Kathōs gegraptai en tō Ēsaia tō prophētē*；正如先知以賽亞所寫〔或：以賽亞書所記〕；As it is written by Isaiah the prophet〔or, in Isaiah the prophet〕）由於接在下文的兩處引用中，只有第二處的引用才真正出自以賽亞書，所以，一些抄寫員索性將原來 τῷ Ἠσαΐᾳ τῷ προφήτῃ（先知以賽亞）改爲 τοῖς προφήταις（一些先知），藉此消除其中的衝突，而《英皇欽定本》（*King James Version*）大概也就是採取這類文本，以「一些先知」代替「先知以賽亞」，至於其他譯本，雖多有錄用「先知以賽亞」，但卻在註腳中標明有些古卷並無此語。

上述三處的異文明顯影響我們對經文的解釋以及繙譯，而且，這是有意識而造成的歧異，因爲我們相信抄寫員是故意更動原文，好使文理更暢順諧協，這原是出於善意的動機。這些刻意造成的歧異有包括修正一些明顯的矛盾、協調平行的經文（例如符類福音的經文、新約引用舊約的經文），還有基於教義而作的修正，甚至涉及寫作風格的修飾，諸如文法技巧、串字等。

另外，也有些異文是基於無意識而造成的錯誤，我們知道當時經文的傳抄，很多時候是靠賴聆聽的方式，抄寫員在一邊聽一邊寫的情況之下而出錯漏，是非常可以理解的。羅馬書五章 1 節就是一個很好的例子，**ἔχομεν**（*echomen*；我們就得與；we have）一字在某些古卷中卻被改爲 **ἔχωμεν**（*echōmen*；讓我們能與；let we have），則上下文意就由「**我們就得與**上帝和好」變爲「**讓我們與**上帝和好吧」，這歧異的出現大概是由於 **ω** 與 **ο** 這兩個母音在新約時期的發音基本上是相同的，且兩字同樣合於文理（雖然兩者之意略有出入），所以才造成歧異的混淆。至於其他諸如誤解或忘記，同樣導致無意識的錯漏，結果通常是用字次序的更動、同義字的替代，以及無意中依從了近似的經文等。

不管是有意或無意的更動，大部分會影響經文意思且有討論價值的異文已收錄在 B．M．梅茨格（B.M. Metzger）的 *A Textual Commentary on the Greek New Testament* (2nd rev. ed., 1994)裏，這可謂是釋經必備的工具書。另一本同類型的書亦由聯合聖經公會出版，目的是重新闡釋梅氏的討論，方便神學生和繙譯人員使用。（見 6.3.）

對於每一位從事聖經研究的人，這些有關文本的錯漏[7]必須先澄清，才能剔選出較爲正確的版本，繼而展開釋經的工作。故此，新約

---

[7] 在這裏用「錯漏」，顯然背後的假設是，出現在 *UBSGNT* ──第四版和 *NA* ──第二十七版的正文是對的。

經文鑑別學的目的就是要從一大堆記載著部分或全部新約的文獻資料中編排並整理出一份公認的文本，這文本雖然不可能與原稿絕對相同，但已是人在此竭盡所能的成果，誠非輕易之舉。所以，那些從事新約經文鑑別學的人都是經過嚴格訓練的學者，不單在原文及釋經上有專門的訓練，就是在早期教會歷史及神學方面，都有相當高的造詣。

1.3. 結語

儘管本書的讀者大多並非真有志於從事經文鑑別學的研究，然而，就是單單作為研讀聖經的學生或信徒，若知道現存文本背後所作過的剔選及整理工作，無疑有助於更了解經文的意義。況且，譯本的不同繙譯往往反映譯者面對異文時的不同取向，這與譯者對經文的理解息息相關，可見異文的影響及於譯本，則對異文多一分認識，自然能對眾多譯本的分歧多一分掌握。此外，對經文鑑別學認識更多，就更叫人不得不讚歎上帝對聖言護守的偉大，在人類種種限制和無能的失誤中、在歷史悠悠歲月和風霜的經練下，上帝的聖言依然立定。最後，作為神學研究的工作者，我們都知道新約經文鑑別學是一切聖經及神學研究的基礎，除非經文鑑別的工夫先做好，否則一切的解釋、教導、甚至講道的工作都可謂無從著手。由此可見，對新約經文鑑別學的基本認知固非可有可無，亦非只屬專家學者的關懷，基本上，它是任何想對經文作嚴謹處理的人必備的常識。

第二章
證據來源

既然原稿已散失，則首要的問題是我們從何取得新約文本的記錄，在這方面我們實在感謝上帝給我們存留了許多資料來源，讓我們尚能透過鑑別這些資料而推演出原來的文本。事實上，環顧所有古代的文學作品，我們也難找到有如新約文本如此多的史料佐證，除有眾多希臘文抄錄的手抄本（ manuscript ）外，更有其他古代的文獻記錄，無論是部分或全部載錄，總能爲重建新約文本提供很具體又有效的根據。在本章中，我們會先將這些史料證據（ witnesses ）分爲手抄本、古代譯本（ ancient versions ）和教父的著作（ patristic writings ）三類作一簡介；由於希臘文手抄本（包括經課集， lectionaries ）可謂是最直接的記錄，所以也自然是最重要的史料來源，我們亦將作較詳盡的介紹。 *UBSGNT* 和 *NA* 的校勘欄均把這些證據排列得很清楚，但前者的編排還是較佳： *UBSGNT* 經常先把正文的語句並其佐證列出來，然後才是異文的語句和佐證，但 *NA* 卻不然，特別是當編者覺得正文的證據是很明顯， *NA* 通常只列出異文的語句和佐證。

因爲這些古代文獻與我們現今相距甚遠，無論是寫作習慣或書寫用具都與現今迥異，所以，接下來的第三章，我們會簡介一下古代著作的面貌。到第四章，我們會回過頭來細看這些史料證據，並逐一指出某些尤其重要的古卷來源，而在第七章，筆者會按本章的分類討論不同古卷的近代發現。對這些手抄本和古卷的內容和特徵沒有太大興趣的讀者，可越過第四章；然而，讀者仍可從本章的討論中對古卷有一概略的認識。

2.1. 手抄本

爲方便起見，「證據」或「古卷」[8]（witness或ancient witness）一詞泛指一切新約文本的史料佐證；這包括手抄本各類的文獻、古代譯本和教父著作。雖然有些學者亦把「手抄本」一詞延伸至這種用法，但在本書，「手抄本」（或簡稱「抄本」）只專指那些從原稿或其他（希臘文）手抄本直接抄錄下來的文本記載，這些文本通常載錄於紙類的質料。其他更原始的書寫用料仍沿用著，例如蠟板（在木板上鋪上油蠟），大概因爲這些蠟板便於翻用的緣故，所以就成爲早期希臘及羅馬人所使用的書寫工具，甚至在新約時期，猶太人也常用這些蠟板來作爲教導孩童寫字的工具。路加福音一章63節提到撒迦利亞要求一塊寫字的板（πινακίδιον [*pinakidion*]），這很可能就是蠟板。此外，還有瓦片和陶器，也是古代用作日常記事的材料。

在新約經文鑑別學中，紙類的「手抄本」可按其用料分爲「蒲草紙」（papyrus [9]）和獸皮兩大類。獸皮包括「牛皮紙」（vellum）和「羊皮紙」（parchment），一般是用於較後期的年代；不過，獸皮與蒲草紙同時被沿用，仍持續了好一段時期。由於蒲草紙是一種相當易破爛的材料，所以只有少數早期的新約蒲草紙抄本能完好保存下

---

[8] 在字眼上，「古卷」一詞是指一些古代「卷」類的文獻，但中文譯本（特別是《和合本聖經》的小字）的一般用法較含糊，泛指所有古代的證據。本書也就採用這傳統的用法。

[9] 英文 papyrus 的希臘文是 πάπυρος（*papyros*），今天英文常用字 paper（紙張）正是由此字演變而來的。

來，而那些都是在埃及的乾地發現的，大部分這些蒲草紙抄本都是三至四世紀的成品，今天我們共有九十六份這類的抄本，而每一卷新約書卷都有至少一份蒲草紙抄本作爲佐證。（參 4.1）

直至四世紀，隨著大公教會被納入建制後，教會亦富庶起來，大部分此時期的希臘文抄本都寫在羊皮紙上；普通一本用羊皮抄寫的新約聖經須要至少五十至六十隻羊的皮才足夠！我們稱這些早期的羊皮抄本爲「大楷體抄本」（ uncials[10]或 majuscules ）。「大楷體」是指希臘字體的一種寫法；除兩個字母外，這大楷體相當於今天標準希臘文課本所列出的大楷。這兩個字母分別是 *sigma* 和 *omega* ，其大楷體並不如我們所熟悉的寫法 Σ 和 Ω ，而是 c̄ 和 ω （參 4.1.和 4.2.的圖例）。爲方便抄寫，常用的人稱如 θεός（ *theos* ；上帝），就以 θ̄c̄ 代筆、Ἰησοῦς Χριστός（ *Iēsous Christos* ；耶穌基督）就以 ῑχ̄ 代筆。由於這種大楷體的書寫方法只於四至九世紀普遍使用，所以「大楷體抄本」這名稱就成了這時期抄本的專有稱號。時至今天，大概有二百六十份大楷體抄本被發現，大多載錄了大部分、甚至整全的新約經文。（參 4.2.）

及至九世紀左右，一種較便於速寫的字體開始盛行，稱爲「小草體」（ minuscule[11]），其特色是字體較小，易於速寫，而簡寫的習慣更如常，再加上各人的速寫習慣都不盡相同，故這類字體的抄本對未受過專門訓練的人來說，是更難識別的。圖一是十一世紀編號 124 裏路加福音二十一章 37 至 38 節的兩節經文。認識希臘文的讀者可利用下面重寫的經文嘗試辨別不同的希臘文字句；留意字尾的 sigma 並不如我們常用的 ς 一般，這是由於字與字之間沒有分隔，因此抄寫員使

---

[10] 拉丁文是 *uncialis* ，意指「一英吋高」；源於 uncia （「十二分之一」），指每字母佔全行十二分之一的空間。

[11] 拉丁文是 *minusculus* ，意指「小寫」。

用 σ 而不是 ς 的寫法[12]，這種沒有分隔的書寫方法稱為「連續書寫」。（參 4.4.）

圖一：選自 Metzger, *Manuscripts of the Greek Bible*，頁 121。

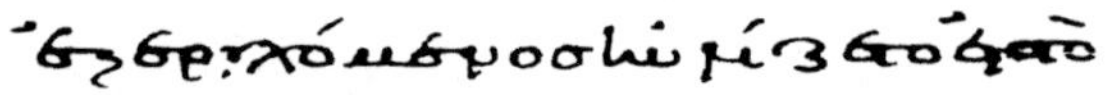

ἐξερχόμενος ηὐλίζετο εἰς τὸ

ὄρος τὸ καλούμενον ᾿Ελαῖων·

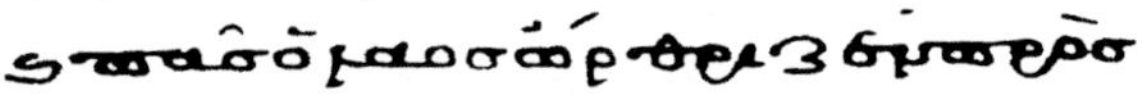

καὶ πᾶς ὁ λαὸς ὤρθριζεν πρὸς

αὐτὸν ἐν τῷ ἱερῷ ἀκούειν αὐ-

τοῦ

直至十世紀末，小草體的寫法幾乎已完全取代了大楷體，故此，「大楷體抄本」這名稱就是四至十世紀的抄本的統稱，而「小草體抄本」則代表了十世紀以後的抄本[13]，時至今日，被發現的小草體抄本已超過二千八百份。

若從古卷的用途或內容上著眼，還有另一種只載錄了部分新約經文的手抄本，這就是所謂「經課集」（ lectionary ）。「經課集」原是在教會聚會中選用來朗讀的經文，一般是以主題的方式編錄，為每日或每週，以及按特別節期或教會的年曆表誦讀而設。這些「經課

[12] 希臘文有兩個 *sigma* 的寫法：ς 是用於字尾，而 σ 則用於其他地方。

[13] 有少許小草體抄本的寫成年日是九世紀，如「 33 」（見 4.3 ）。

集」的價值在於它們正反映了長久以來教會對手抄本分類的傳統，時至今日，某些經課所編錄的課文甚至仍爲現代某些大宗派（如希臘東正教〔 Greek Orthodox Church 〕）所沿用。「經課集」的內容多取自福音書及書信；除啓示錄外，所有的新約書卷都曾被取用，而福音書的錄用就更見完整。大部分的「經課集」都是十世紀或以後的成品[14]，今天發現了的新約經課抄本大概有二千三百多份。連同其餘三類的手抄本（蒲草紙、大楷體、小草體），我們今天共有五千份左右[15]的希臘文手抄本，作爲重建新約文本的根據。（參 4.4.）當中有三份大楷體抄本和五十六份小楷體抄本包括全本新約聖經，其餘的分佈是：福音書有 2,328 份，使徒行傳和普通書信有 655 份，保羅書信有 779 份,而啓示錄則有 287 份。[16]

2.2. 古代譯本

所謂「古代譯本」，是指那些距離原稿三、四百年間所繙譯的譯本，由於年代接近原稿的形成時期（假若是一世紀末），故這些譯本背後的底本往往更能反映原稿的真貌。主要的古代譯本包括：

---

[14] 有一點須要澄清：由於有些經課集（大概二百七十份）是用大楷體寫的，因此「大楷體抄本」按定義是不包括記載在經課集的抄本。

[15] 在這裏須要補充一點，這四類不同種類古卷的數目基本上是按古卷的最高編號（見第四章）而計算，但這並不等於實際的數目。*UBSGNT* 和 *NA* 對古卷的編號主要是根據十九世紀的 C · R · 格雷戈里（ C.R. Gregory ）的編號系統，並由德國「新約聖經文本研究所」（ Institut für Neutestamentliche Textforschung ）負責修正和更新。因此，古卷的最高編號與實際數目之不同主要是出錯於有些早期的編號：如把同一古卷的不同部分分開編號或把同一古卷重複編號，又可能是所儲存的博物館或圖書館遺失和損壞了等等。按庫爾特 · 亞蘭（ Kurt Aland ）和巴巴拉 · 亞蘭（ Barbara Aland ）的估計，現有的希臘文古卷大概只是五千份左右（ *The Text of the New Testament*, pp.74~75 ）。

[16] Aland, *The Text of the New Testament*, pp.78~79.

1. **拉丁文**（ Latin ），時爲整個羅馬帝國及部分北非所流通的語言，主要譯本有《古拉丁文譯本》（ *Old Latin Bible* ）和《拉丁文武加大譯本》（ *Latin Vulgate* ）等；
2. **敘利亞文**（ Syriac ），時爲小亞細亞地區，包括巴勒斯坦一帶所通用，主要譯本有《古敘利亞譯本》（ *Old Syriac Version* ）和《別西大譯本》（ *Peshitta Version* ）等；
3. **科普替文**（ Coptic ），包括不同方言，例如「沙希地語」（ Sahidic ），時爲埃及南部所通行，「波海利語」（ Boharic ），時爲埃及北部所通行，主要譯本有《沙希地譯本》和《波海利譯本》等。

大多數這些古代譯本是早期直接從希臘文的古卷繙譯而成的，因此，這些譯本也就很可能保存了比現有希臘文抄本更早期的文本記載。不過，遺憾的是這些譯本的原稿同樣亦已散失，所以，若要參照這些譯本，學者必須先重建這些譯本的文本。換句話說，古代譯本鑑別的工夫必須先做，才能運用這些譯本的資源，以助新約經文鑑別的研究。記載譯本的古卷遠比希臘文的古卷多，單就拉丁文譯本的古卷而言，我們有超過一萬份。

此外，還有其他相當有價值的古代譯本，例如《亞美尼亞文譯本》（ *Armenian Version* ）和《古斯拉夫語版本》（ *Old Slavonic* ）是整個東正教傳統（ Orthodox Tradition[17]）具有代表性的譯本；此外，《衣索比亞文譯本》（ *Ethiopic Version* ）、《哥特文譯本》（ *Gothic Version* ）和《阿拉伯文譯本》（ *Arabic Version* ）均是很有價值的譯本。（參 4.5.）

---

17 這名稱通常可以包括希臘東正教（ Greek Orthodox Church ）和俄羅斯東正教（ Russian Orthodox Church ）。

2.3. 教父著作

「教父著作」是指古代教會領袖（稱爲「教父」）的作品，由於新約經文被認定爲上帝啓示的最後來源，所以許多教父往往喜愛在其著述、甚至私下寫作中引用新約經文，這類引用可謂相當普遍。有些學者（如天主教學者阿姆富〔 C.-B. Amphoux 〕）甚至宣稱，若今天所有的新約手抄本全被摧毀，新約的文本依舊可以單憑這些引用而得以復原，則其引用分量之多和質數之高可以想像。此外，這些引用也反映出他們所沿用的不同地區和不同時期的文本特色，有時，統稱爲「文本傳統」。不過，參照這些引用仍有相當的困難，因爲有些引用並非直接的引用；因此，若要清晰地由此歸納出原來的文本，也並非易事。況且，許多引用根本只是憑記憶引述而已，故所得文本難免多有出入，並不精確。在眾多教父中，最早期的是所謂「使徒教父」（ apostolic fathers ），這是指那些可能是直接接受使徒傳承的教父，諸如**羅馬的革利免**（ Clement of Rome ）、**波旅甲**（ Polycarp ）、**伊格那丢**（ Ignatius ）和**黑馬**（ Hermas ）等，由於他們大有機會直接閱讀原稿，他們的引述自然有較重要的價值。另外，還有其他同樣舉足輕重的早期教父，特別是尼西會議之前（ Ante-Nicene ）的教父，他們在教會歷史上也是多產的神學家，例如**特土良**（ Tertullian ）、**愛任紐**（ Irenaeus ）、**俄利根**（ Origen ）；甚至較後期的**耶柔米**（ Jerome ），他們著述中的引用，無論是數量及質量，也是不可忽略的重要資源。（參 4.6.）

2.4. 結語

綜觀以上的分析，可見新約文本的佐證是相當充裕的，若只計算原文抄本的證據，即撇除了其他譯本及引用的材料，希臘文新約文本所有的佐證已是希伯來文舊約文本所有的兩倍（不過，一般希伯來文舊約的抄本遠比希臘文新約的抄本更呈一致）。而且，現有最早期的新約抄本距原稿年期之近，更是沒有任何古代文學作品可以比擬的。因此，無論從量與質方面來看，我們現有的新約文本史料證據，都足以幫助我們重建新約原來的文本。

第三章
古代著作的面貌

既知道新約文本有許多史料證據後，我們也許會想知道更多有關古代典籍的常識，這就涉及所謂「古文書學」的範疇。凡有關古籍年期的考訂、排版、寫作風格及字體的辨識等，均屬古文書學研究的範圍。

3.1. 書寫的材料和用具

正如前述，我們已知道有許多材料可用作書寫的用途。在遠古時代所採用的瓦片和陶器，由於其不規則形狀，並不便於書寫較長的文字，早已被平滑又可以翻用的蠟板取代。一般來說，要在蠟板上寫字，通常會用一種尖嘴圓頭的筆（ stilus ），尖嘴用作書寫，而圓頭則方便更正之用。

不過，這些書寫的材料，還不是最古老的用料，今天發現最古老的片斷是大概主前 2400 年的產物，那是載於蒲草紙上的文獻，可見在更遠古的時期，蒲草紙早已被用作書寫的材料。直至主後三世紀之前，蒲草紙可謂仍是相當普遍應用的書寫材料。蒲草原是一種生於尼羅河三角洲的植物（參伯八 11「蒲草沒有泥，豈能發長？」），草身呈三角狀。要將蒲草製成紙，必先剝去草身的表層，再除去其中的骨幹（ stalk ），將草身切割成條絲狀，由於草身分泌天然黏液，並排編織後，壓服便可成頁（圖二）。風乾後，再用象牙或貝殼將表面磨滑，這些成頁狀的蒲草紙又稱爲「葉」（leaf[18]），一葉蒲草紙的面積大概由 6x9 吋至 12x15 吋不等，蒲草紙頁通常連接二十葉捲起爲「紙卷」（roll[19]）發售（圖三；圖中由上至下的直線顯示兩葉的連接）。至於書寫於蒲草紙上的工具是用蘆葦桿製成的筆（reed pen[20]），筆桿尾通常是圓頭的，不過，在較早期，也有呈塵拂狀的筆桿。蒲草紙通常只能作單面書寫（在橫行的一面，

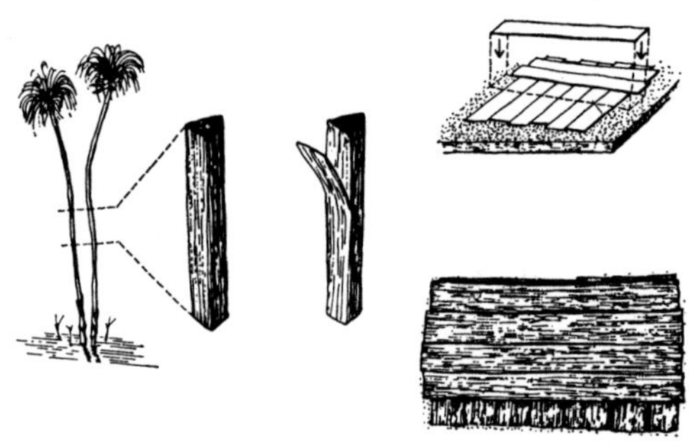

圖二： P.W. Pestman, *The New Papyrological Primer.* (Leiden: E.J. Brill, 1990), p.4.

[18] 英文 leaf（葉）的希臘文是 χάρτης（*chartēs*），約翰二書 12 節也出現這字：διὰ χάρτου καὶ μέλανος（*dia chartou kai melanos*；用紙和墨〔寫出來〕）。

[19] 英文 roll（紙卷）的希臘文是 χάρτης（與上文的 leaf〔葉〕相同），因爲一卷紙卷並沒有獨立分開一頁頁的，故仍可視爲一長「葉」。

[20] 英文 reed pen（蘆葦筆）的希臘文是 κάλαμος（*kalamos*），約翰三書 13 節也出現這字：διὰ μέλανος καὶ καλάμου（*dia melanos kai kalamou*；用筆墨寫給你）。

圖三： W.E.H. Cockle 繪；見 Eric G. Turner, *The Typology of the Early Codex*. (University of Pennsylvannia, 1997)，頁 45 。

見圖三），不過偶然也有卷軸蒲草紙文獻是雙面書寫的（參啓五 1）[21]。我們幾乎可以肯定，希臘文新約的原稿就是寫在這些蒲草紙上的，一般估計，一張單頁的蒲草紙就足以載錄整卷較短的保羅書信，至於像路加福音那類長的經卷，就大概需用三十呎長的蒲草紙卷了。爲了保存和方便傳遞，接取原稿的教會會隨即把內文轉抄在皮卷上（參提後四 13）[22]。

蒲草紙雖然被普遍應用了好一段長時期，但由於其容易破爛的本質，仍須另尋其他更耐用（亦必更昂貴）的書寫用料，來記錄並保存重要的文獻。

---

[21] 啓示錄五章 1 節所提及的 βιβλίον γεγραμμένον ἔσωθεν καὶ ὄπισθεν（ *biblion gegrammenon esōthen kai opisthen*；書卷裏外都寫著字），這種裏外兩面書寫的方法，英文的專稱爲 opisthograph ，這字乃由希臘文 ὄπισθεν（在外面）和 γραφή（寫）組合而來。

[22] 一般而言，「皮卷」或「獸皮」的希臘文是 διαφθέρα（ *diaphthera* ）。然而，在提摩太後書四章 13 節所載的 φέρε καὶ τὰ βιβλία μάλιστα τὰς μεμβράνας（ *phere kai ta biblia malista tas membranas*；那些書也要帶來，更要緊的是那些皮卷），其中卻用了 μεμβράνα（ *membrana* ）一字來指「皮卷」這類東西。很多學者相信，這裏所指的皮卷，其載錄的內容當爲新約部分，而非舊約。

獸皮（包括牛皮紙及羊皮紙）就是較爲耐用的書寫材料，也是古代用來記錄較重要文獻的用料，英文 parchment （羊皮紙）一字，源自希臘文 περγαμηνή （ *pergamēnē*），這字正是羊皮紙發源地「別迦摩」（ Pergamum ）的名字[23]。今天發現最早的皮卷大概是主前 1500 年的產物，差不多直至近代，仍偶有運用皮卷（ leather rolls ）來載錄文獻的例子。不過，在主後八世紀前，當中國的造紙術還未西傳之時，牛皮紙和羊皮紙可謂是普遍被採用的書寫材料，在此期間，較耐用的皮紙可謂已漸漸取代了易破的蒲草紙。主後 331 年，君士坦丁大帝就下令爲君士坦丁堡的新建教堂抄錄五十份羊皮卷聖經；事實上，納入建制後的基督教會確是擁有頗優裕的條件，能以較昂貴的羊皮紙抄本來取代蒲草紙抄本，然而，在異教圈中，普遍使用的仍只是蒲草紙而已。用來製紙的動物皮，先要浸在石灰水中脫清毛髮，風乾後，再用白堊磨擦表皮，使之光滑。由於羽筆（ quill pen ）比蘆葦筆更堅硬尖細，故多採用來作爲書寫皮紙的工具。至於用墨方面，一般把燈黑和樹膠溶在水裏而成，可以寫出頗爲烏黑的文字，大部分的手抄本也是用黑墨來書寫，但偶然也有用紅墨、紫墨，甚至更有用金銀等物質來書寫的。耶柔米（ Jerome ；約 342~420 ）在《致游斯都基》（ *Eustochium* ）一封著名的信件中，就厲言諷刺這一類的奢華：「羊皮染成紫色；真金溶於書信；抄本鑲起寶石，但基督卻躺於門外、赤身垂死。」（ *Epistulae* 22.32 ）

---

[23] 根據年長的普林尼（ Pliny the Elder ）的記載（見 *Natura Historia* 13.21 及其後），皮紙的使用是始於優門斯王二世（ King Eumenes II ）時期，他是小亞細亞米西阿地（ Mysia of Asia Minor ）別迦摩（ Pergamum ）的君主，從主前 197 年統治到主前 159 年。他大力主張並籌劃使用皮紙，且計劃在其城中創建一座圖書館，好與著名的亞歷山大圖書館比美。然而，當時的埃及王多利買（ Ptolemy of Egypt ）對他的雄心頗爲不滿，於是對別迦摩實施禁運蒲草紙，這禁運就更逼使優門斯王決心製作皮紙，自此，皮紙就直稱爲 περγαμηνή 。

3.2. 古書的形式

環顧古代眾多的書寫用料，大概蒲草紙最能讓我們窺見古代典籍書寫方式的面貌。雖然今天發現的蒲草紙文獻只是片段，但它們仍能一新我們的觀念，讓我們更了解古代文獻是如何得以傳流下來，又能明白由於書寫用具及排版的限制，致使古代的作者及讀者也必須克服相當大的困難。從而叫我們更能欣賞歷代學者從一大片的字母中劃分出字詞的努力，同時亦更體諒後來編者那濫用標點的流弊（參下節）。

首先，我們要知道蒲草紙卷的大小。正如前述，蒲草紙每頁的面積大概由 6x9 吋到 12x15 吋不等，而一般的希臘文卷較少有超過 35 呎長的。由於紙卷必須方便發售，所以，負責這些紙卷買賣的官方名稱就印在紙卷的第一頁，以資識別，這頁又稱為「首貼頁」（ first glued sheet ）[24]，通常，官方主管的名字亦會同時寫上。這種以紙軸方式呈現的書卷就統稱為 βιβλίον （ *biblion* ）或 βίβλος（ *biblos* ）[25]。

至於釘裝方面，古代作者通常會將長篇的文學作品分為若干「書卷」，每一書卷由一獨立的紙軸捲起。按一般學者推測，新約中兩卷最長的書卷：路加福音和使徒行傳，各佔 31 至 32 呎長的蒲草紙頁；由於每卷書的篇幅很長，不能完全放入一紙軸捲起，因此這原來可能是一卷書就分為兩紙軸捲起。直至主後二世紀，有一種新興的線裝書籍，所謂「線裝」，就是將每頁的蒲草紙或皮紙對摺，然後將每頁的紙口用線縫合，就呈現頁裝的書冊，這就是所謂「翻頁書」

---

[24] 英文 first glued sheet（首貼頁）的希臘文是 πρωτόκολλον （ *prōtokollon* ），英文的 protocol（條約草案）也是由該字演變而來的。

[25] 希臘文 βίβλος 或 βύβλος（ *bublos* ），已演變成指「翻頁書」（ codex ）或「書本」（ book ）。英文 Bible（聖經）也是由 βίβλος 演變而來的。

（codex），較專門的用語稱每頁爲「一帖」（quire；見圖四）。二世紀初，翻頁線裝書籍廣泛被教會採用[26]，特別是外邦的教會，這是由於外邦信徒有意藉此來與猶太會堂那以書卷來傳誦舊約的傳統分別開來。

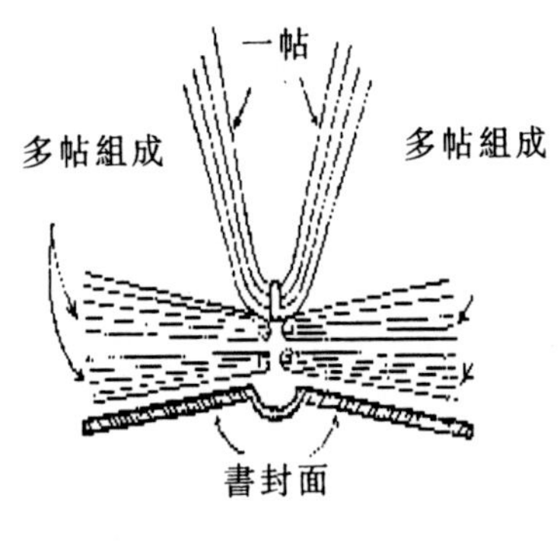

圖四

書寫方面，由於蒲草紙的背面是直行的，翻頁式的蒲草紙抄本仍是不便於雙面書寫，而大概惟有翻頁式的羊皮抄本，才可以雙面書寫。當經濟不景、皮紙漲價的時候，皮紙就不單要雙面書寫，某些舊的羊皮抄本，更會翻用來抄錄新的文本，這是將原有的文本擦掉，再將皮面潤平，就可以重寫新的文本，稱爲 「重寫本」（palimpsest[27]）。其中最

---

26 多年來，一般都以爲翻頁的線裝書不會在四世紀前出現，所以，線裝的蒲草抄本並不尋常，大概只爲窮人所用。然而，近代的發現卻證明基督教的聖經，在歷史上誕生之時，乃是用蒲草紙書寫，且早已用翻頁的方式線裝的。

27 英文 palimpsest 一字源自希臘文 πάλιν（*palin*）和 ψάω（*psaō*）：πάλιν 意謂「再次」或「回頭」（again/back），而 ψάω 則有「刻上」之意。

著名的重寫抄本是《以法蓮抄本》（*Codex Ephraemi*）。

3.3. 書寫的方式：「連續書寫」

我們都知道，讀者的閱讀方式反映作者的書寫方式。正如我們在許多電影中見到古時人閱讀的方式，就知道古代書卷是將卷軸橫向伸展，由左至右分行書寫的。在閱讀時，左手不斷捲起已讀的紙卷，又同時以右手翻開接續的。不過，在中世紀時，有些書卷是由上至下書寫的，則閱讀時就要以一手不斷捲起紙卷的上端，另一手執著紙卷往下移，這種由上往下的推移，無疑對很多人來說，是暗指一種從上到下帶有權威性的宣告。

至於標點的應用，我們一般都認爲這都是近代整理文書的習慣，然而，在某些古代的手抄本中，卻早已反映了標點的應用，許多學者均認爲分字分句的做法已偶然在學校（練習寫字）及禮儀性的文本中出現（參圖六）。至於標點的運用，諸如小點或留空等，更早已散見於主前三世紀的蒲草紙抄本中。不過，手抄本的抄寫往往受著不同環境因素所影響，有時，爲節省紙卷，根本不容許書寫標點，那就更莫談留空、分段的奢侈了，這類連續成篇的寫作方式稱之爲「連續書寫」[28]（參圖一、五）；直至主後八世紀，標點的應用才可算較爲規律和普遍。連續成篇而略去標點的寫作很容易因斷句或斷字不清而造成文意含糊，一個典型的例子如 GODISNOWHERE 一連串的字母，可以讀成 God is nowhere 或 God is now here，但文意卻相距甚遠。當然，古時的讀者理應能憑上下文而清楚斷句[29]，而且，高聲朗讀又多少能有助於分辨文理和句讀（因爲我們的聽覺遠比我們的視覺敏

---

[28] 拉丁文是 *scriptio continua*。

[29] 例如，在希臘文的組字結構中，一個字（外來字除外）通常只會以母音（包括複母音）或 ν，ρ，ς 其中一個子音結尾，故古時的讀者面對連續成篇的希臘文，仍能憑這些字尾而分字斷句。

銳）。然而，因分段錯誤，斷句或斷字的工夫難免混亂，例如哥林多前書十一章 1 節明顯就應歸入第十章，而哥林多前書十二章 31 節下若看作爲十三章「愛的篇章」的引言，當更合適。故此，某些近代的譯本（例如 *Revised Standard Version, New Revised Standard Version, Today's English Version* 及《現代中文譯本》等），就索性將該節經文作獨立一段來繙譯，以避免分段不當的流弊。所以，今天當我們閱讀希臘文新約文本時，必要緊記：新約原文編者在考訂的文本中所加的標點，往往比傳統章節的劃分來得重要和可靠。

第四章
一些重要的古卷

當我們知道新約文本擁有大量的史料證據後，進一步我們便要衡量這些證據的質素，就是要從中剔選出較可靠的史證，好作爲重建新約文本的依據。爲此，學者就曾仔細地考察過每一份的文獻證據，並按證據的質素及產地分爲不同的組別。所謂「質素」，一般是看古卷與其底稿所更動過痕跡的多寡和更動的種類而定；我們將會在往後的環節才對此作詳細分析。至於在本章中，我們會先指出某些較爲重要的古卷，那是在研讀希臘文新約聖經時所不能忽略的，讀者同時可參照 7.1.，將更了解有關近代古卷的發現。最全面的參考是 *UBSGNT*（頁 6~39）及 *NA*（頁 14*~33*, 684~718），當中均詳細列出在其校勘欄裏所引用的古卷。

4.1. 蒲草紙抄本

現有最早的希臘文新約文獻就是蒲草紙抄本，在 *UBSGNT* 及 *NA* 中，蒲草紙抄本均以代號「𝔓」加上一個號碼來作識別，現有蒲草紙抄本所屬的年期大致由主後 125 年至八世紀初左右，這九十六份蒲草紙抄本中有不少被編入不同的組別裏，而其中以下列的三個組別爲較重要的：

(1)《**貝蒂蒲草紙集**》（*Chester Beatty Papyri*，以物主**貝蒂爵士**

〔Sir Chester Beatty〕爲名）。那是包括三世紀前的蒲草紙抄本（例如 𝔓45，𝔓46，𝔓47），其中 𝔓46 就是大概出自主後 200 年的作品，內中包括保羅的十封書信（教牧書信及腓利門書除外）。此卷抄本原應有 104 葉，但其中的 18 葉卻已散失或殘缺不全。在內容上，𝔓46 最重要的特色之一是在以弗所書部分，書首的「在以弗所」（ἐν Ἐφέσῳ）這兩個字沒有出現在這古卷裏。此外，那匿名的希伯來書卻被保存在保羅書信裏，不過這也並不稀奇，因爲事實上，在 𝔓46 的原產地（東方的教會）中，希伯來書一直被視爲保羅書信之一。圖五是 𝔓46 的第四十一頁（P.Mich. inv. 6238, p.41），包括 *UBSGNT* 和 *NA* 的羅馬書十六章 23 節最後的幾個字和希伯來書一章 1 至 7 節。筆者只把首數行重寫出來。略懂希臘文的讀者會發現其中 *sigma* 和 *omega* 不如我們所熟悉的古典寫法**Σ**和**Ω**，而是與英文的 C 和 W 相似。

MA

KAI KOYAPTOC O ΑΔΕΛΦΟC

στιχ A

ΠPOC EBPAIOYC

ΠΟΛΥΜΕΡWC KAI ΠΟΛΥΤΡΟΠWC

ΠΑΛΑΙ Ο $\overline{\text{ΘC}}$ ΛΑΛΗCAC TOIC ΠΑΤΡΑCIN HMWN EN

TOIC ΠΡΟΦΗΤΑΙC ΕΠ ECXATOY TWN HME

PWN TOYTWN ΕΛΑΛΗCEN HMEIN EN

YIW ON EΘHKEN ΚΛΗΡΟΝΟΜΟΝ ΠΑΝΤW[N]

ΔΙ ΟΥ [[KAI]] ΕΠΟΙΗCEN TOYC AIWNAC OC WN

圖五：圖片由 University of Michigan的 Special Collections Library提供，並蒙允許使用。

ROMANS XVI, 23-HEBREWS I, 7

讀者需要留意幾點：

1. 行一有該葉的頁數 ΜΑ（*MA*），希臘文字母均可表達數字，*MA* 指 41；

2. 行二有這古卷羅馬書的結語，這古卷沒有第十六章大部分的經文，因此羅馬書十六章 21 至 23 節是出現在本古卷第十五章之末，作爲羅馬書的結語（參羅十五 33 的校勘欄）；
3. 行三的 ϹΤΙΧ 是 στίχοι「行數」的簡寫，A 是 1000；
4. 行六的最後第二個字 ΗΜϢΝ （ἡμῶν）是寫在兩行之間，顯示這字可能是其他抄寫員後加上的；*NA* 標爲 𝔓46c ，c 是指 correction（修改）；
5. 行九的 ΠΑΝΤϢ （παντω）最後字母 Ν 沒有寫出來，這可能是該抄寫員的特色；
6. 行十，參 *NA* 的文本可發現 **ΔΙ ΟΥ** （δι᾿ οὐ）後面應有 **KAI** 字。

(2)**《伯默蒲草紙集》**（*Bodmer Collection*，以物主馬丁．伯默〔Martin Bodmer〕爲名），包括的蒲草紙出產年期由二世紀末到七世紀左右（例如 𝔓66, 𝔓72, 𝔓73, 𝔓74, 𝔓75），而 𝔓66 可謂是其中最重要的抄本，其年期可追索至主後二百年，內中包括約翰福音大部分的經文（一 1~四 11，四 36 下~十四 15 及其他零碎的經節），此外，這也是沒有約翰福音七章 53 節~八章 11 節有關「行淫的女人」一段經文的最早古卷記錄；不過，學者相信這手抄本在抄錄的過程中仍經過了相當的更動。（參 7.1.1）

(3)**《約翰雷蘭蒲草紙片斷》**（*John Rylands fragment*），只載有約翰福音第十八章部分經文（十八 31~33、37~38），代號爲 𝔓52。這可謂是現有最早的新約抄本，年期可追溯至主後 130 年之前（很可能是 100 至 125 年的抄本）；但可惜只載有約翰福音的一小段，故對重建原來文本上貢獻不大。

4.2. 大楷體抄本

正如前述，「大楷體」雖然是指字體（那正與「小草體」相對），但在抄本的分類而言，卻是指出自四至十世紀期間寫在皮卷上的希臘文手抄本，並不包括經課集（否則便稱爲「經課集」）。大楷體手抄本一般有兩種方法來作代號：（1）用希伯來文（只用第一個字母）、拉丁文和希臘文的大寫字母（例如：א、A、Θ 等），但當所有字母用盡時，則用阿拉伯數字代替，先以「0」開頭，再加上該抄本所編定的號碼，例如：046，048 等；（2）所有抄本均用數字並有「0」開頭，例如 01（即 א），02（即 A）等。因此，這個阿拉伯數字「0」將成爲與小草體抄本分別開來的標記。

其中一份非常重要的大楷體手抄本就是《西乃抄本》（*Codex Sinaiticus*），以希伯來文字母 א 或 01 作代號，這抄本可追溯至四世紀，內中原包含新、舊約(《七十士譯本》）聖經和一些教父著作（包括《巴拿巴書》、《黑馬牧人書》），這抄本是在西乃山的聖迦他林修道院（the Monastery of St. Catherine at Mt. Sinai）被發現的，不過，並非修院內的人發現的，而是由三次到訪該修院的**替申多夫**（Lobegott Friedrich Constantin von Tischendorf，1815~1874）發現[30]。由於此手抄本的年期早，所以，相信這抄本曾一度作爲抄寫其他抄本的範本，而在抄寫的過程中，抄寫員亦在其上作出不少修改，學者發現三種校改的筆跡（διορθωτής）：א* 代表原抄者的筆跡；$א^{1}$（或 $א^{a}$）和 $א^{2}$（或 $א^{b}$）就代表兩個抄寫員修改的痕跡；而 $א^{3}$（或 $א^{c}$）就代表在六至七世紀由一組抄寫員所作的

[30]早於 1844 年替氏初訪聖迦他林修院時，已發現《西乃抄本》中七十士譯本的舊約片段，但卻要延至 1859 年，替氏才能取得整本抄本。1862 年，適逢俄國建國一千週年紀念，就在沙皇的支持下，這抄本送抵萊比錫（Leipzig）給替氏印製。蘇俄革命後，共產政權對聖經沒有多大興趣，而且急需金錢，於是，就與大英博物館基金會商量，以十萬英鎊（相當於五十萬美金）出售該抄本。故自 1933 年以來，這抄本可謂是世上最貴重的一本書。

最後修訂。

另一本非常重要的大楷體抄本是**《梵諦岡抄本》**（*Codex Vaticanus*），其代號爲 B 或 03，大概是主後 350 年的成品，內含大部分的新舊約及僞經書卷，均分章載錄，反映了最古老的章節劃分傳統，且標示在 *NA* 版的內邊界（inner margin）裏。這抄本與《西乃抄本》同被視爲新約原文文本兩大最可靠及純淨（意即在抄本製作的過程中沒有混雜其他手抄本）的文本。圖六是這抄本的第 1512 頁，包括帖撒羅尼迦後書三章 11 至 18 節（第一欄）和希伯來書一章 1 節至二章 2 節（第二、三欄）的經文。在第一欄尾部重複了該書的書名和寫作地點 ἐγράφη ἀπὸ ᾿Αθηνῶν （「寫於雅典」；但這些附註並不一定準確）。希臘文的重音符號和標點符號包括舊約聖經的引用標示（>）均是後期加上的。在第二欄的左邊界旁有一很有趣的附註，可能是一位較後期的抄寫員在閱讀時，發現以前有些抄寫員在該處地方把原來正確的語句改錯了，一怒之下，在旁邊寫下此話：「你這又蠢又壞的人，本來的語句就好嘛，根本就不應改！」[31]

還有一份亦屬早期的古卷，**《亞歷山太抄本》**（*Codex Alexandrianus*），代號爲 A 或 02，大概是主後五世紀的成品，包括大部分的希臘文舊約及新約經文，不過這抄本並不及上述兩本的可靠，學者相信，抄寫員曾用過兩本不同的手抄本來作爲此抄本的範本，故此，此抄本的文本就被認爲是「混合的經文類型」（mixed text），其可靠程度亦隨之顯得參差。福音書是「拜占庭經文類型」（Byzantine text-type）（見下）最古老的例子，屬這類型的經文一般被認爲是次等的文本；至於新約的其他部分，大概就介乎 B 與 א 所屬的類型之間，表示其質素較好。

---

[31] ἀμαθέστατε καὶ κακέ, ἄφες τὸν παλαιόν, μὴ μεταποίει 。梅茨格著，*Manuscripts of the Greek Bible*，頁 74。

圖六：圖片由 Vatican Library 的 Special Collections Library 提供，並蒙允許使用。

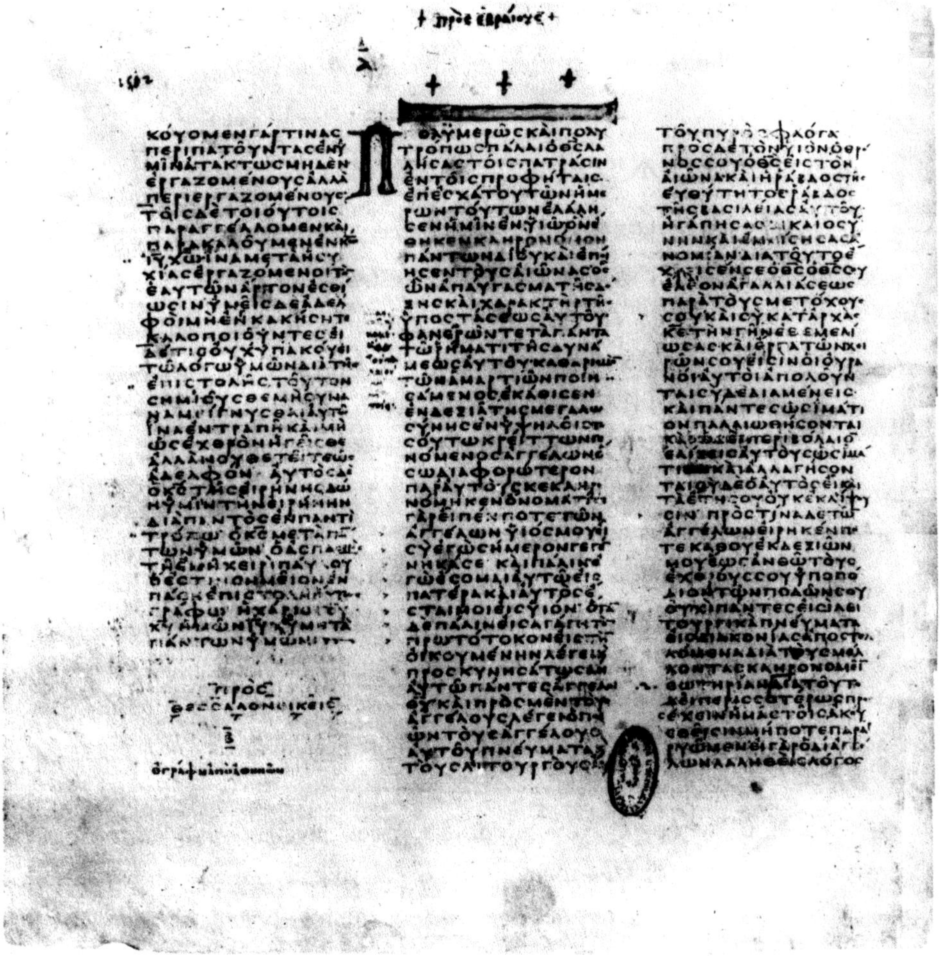

此外，還有一些大楷體抄本是值得一提的，因爲讀者常會在希臘文新約聖經的校勘欄中見到這些抄本的代號，例如《**以法蓮抄本**》（*Codex Ephraemi Rescriptus*），其代號爲 C 或 04，約爲四世紀之作；還有《**伯撒抄本**》（*Codex Bezae*），其代號爲 D 或 05，約爲五世紀末之作，這抄本的特色是以希臘文與拉丁文並列對照；這雙語翻頁本（bilingual codex）的編排，於當時可謂較爲罕見。（參 7.1.2.）

4.3. 小草體抄本

長久以來，小草體抄本對新約經文鑑別學的重要性都被忽視，直至近年的研究才漸漸肯定其價值，在 *UBSGNT* 和 *NA* 裏，小草體抄本均以阿拉伯數字作代號，但卻沒有大楷體抄本代號中開頭的 0 號（例如 13）。較爲有價值的小草體抄本包括抄本 1（出自十二世紀）、抄本 13（十三世紀）及抄本 33（九世紀），至於抄本 700（十一世紀）則保存了許多有趣的異文，例如在路加福音中的主禱文（路十一 2~4），就以「願你聖靈降臨及潔淨我們」（May your Holy Spirit come upon us and cleanse us）取代了「願你的國降臨」（May your kingdom come）一句。另外，抄本 61 是一有趣的手抄本。雖然這手抄本可能是出自十六世紀之作，論年期，明顯是較次要的，然而，這手抄本卻是當時惟一保存了「約翰名句」（*Comma Johanneum*）的希臘文抄本，這有關「三樣屬天見證」的名句原收錄於《拉丁文武加大譯本》中，由此可見這抄本與《武加大譯本》的淵源關係。這名句其實是一句子，加在約翰一書五章 7 節後面：ἐν τῷ οὐρανῷ, ὁ πατὴρ, ὁ λόγος καὶ τὸ ἅγιον πνεῦμα, καὶ οὗτοι οἱ τρεῖς ἕν εἰσιν. (8) καὶ τρεῖς εἰσιν οἱ μαρτυροῦντες ἐν τῇ γῇ……（*en tō ouranō, ho patēr, ho logos kai to hagion pneuma, kai houtoi hoi treis hen eisin. [8] kai treis eisin hoi marturountes en tē gē ......*；在天上，父、道、聖靈乃三而一，這在地上也有三樣見證……； in the heaven, the Father, the Word, and the Holy Spirit, and these three are one, and there are three witnessing on earth ……）。在下一章介紹經文鑑別學的歷史時，我們便知道那出版於 1611 年的《英皇欽定本》所參照的希臘文聖經版本正是收錄了這「名句」的文本，而且，就是在 1979 年修定的《新英皇欽定本》，我們仍可發現這文本繼續被沿用下來。（參 7.1.3.）

4.4. 經課集

到此爲止，我們所介紹過的手抄本，雖然按其用料及書寫的字體有不同的分類，但它們的內容始終是一貫的，同樣是載錄著新約經文，只是分量的多寡完缺不一而已。然而，從內容上看，「經課集」明顯與其他抄本有別，它們不再是按經卷載錄，而是分題摘錄（那就與教父著作的引用有點類同），這就是所謂「經課」（ lections ）或「經文選錄」（ pericopae ），主要是早期以希臘語爲主要語言的教會（ Greek Church ）專爲崇拜禮儀設計的經文選輯，用作公開朗讀之用。在 *UBSGNT* ——第四版個別的經課集就以 ℓ 這字母加上一個數字作爲代號，但較常見的是錄用一些主要的經課集及經課抄本傳統，一律以 lect 爲代號。普遍來說， *UBSGNT* 較 *NA* 多引用經課集，因爲 *UBSGNT* 的主要對象是從事聖經繙譯的人，而這些經課抄本傳統的價值，原在於它們往往反映著某些大宗派（諸如東正教）長久以來的傳統，故此，繙譯屬這些宗派的教會傳統文獻時，就必須對此經課傳統有所了解，方能更把握其歷史淵源。 *UBSGNT* ——第四版共錄用了三十份經課手抄本作爲福音書的佐證，而單在使徒行傳中，就共錄用了四十份經課抄本。一般來說，經課集的徵引，並不影響文本本身，只作爲某些教會傳統的引證。（參 7.1.4.）

4.5. 古代譯本

UBSGNT 和 *NA* 均以這些古代版本的名稱作爲其稱號。正如前文指出，參照這些譯本來幫助鑑別新約經文，仍具相當多的困難，不過，經過數十年來的研究和爭論，至少，以拉丁文（Latin）、敘利亞文（Syriac）及科普替文（Coptic）這三種主要語文繙成的譯本，其價值已漸被肯定。但由於這些譯文只會在其原來底本已相當確定的情況下才加以引用，作爲佐證，故此，很少會單獨引用譯本來作爲原文的佐證。在眾多的古代譯本中，必須注意下列的譯本：

新約拉丁文譯本主要可分爲兩大類：首先是出自第二世紀的**《古拉丁文譯本》**（*Old Latin*），另一類則是在主後 383 至 405 年由耶柔米（Jerome）編輯和繙譯的譯本，這譯本一直有被修改，及至中世紀，這修定譯本就被稱爲**《武加大譯本》**（*Vulgate*）。雖然現有的**《古拉丁文譯本》**的手抄本都是相當後期之作，但其保存的譯文文本仍是頗爲重要的。大致說來，《古拉丁文譯本》比《武加大譯本》較爲重要。

《古拉丁文譯本》在 *UBSGNT* 的基本代號是 it（代表 Itala），個別抄本則以一個後加的字母來代表，例如 it^{a} 就是出自四世紀的《古拉丁文譯本》的抄本。然而，*NA* 則用了 it 來作爲（大部分）凡屬《古拉丁文譯本》類的代號，至於其他個別譯本的抄本，則用拉丁文的小寫字母來作代號，例如 a, b 等，就相當於 *UBSGNT* 的 it^{a} 和 it^{b} 譯本抄本。至於《武加大譯本》，*UBSGNT* 和 *NA* 的基本代號均是 vg，指不同武加大譯本各版本中一致的文本，個別不同版本則以一個後加字母來代表，例如 vg^{cl} 就是十六世紀的《標準革利免的武加大譯本》（*Standard Clementine Vulgate*）版本的代號，而出版於 1969 年的《斯圖加特共同版本》（*Interconfessional Stuttgart edition*）則以 vgst 爲代號。

《敘利亞文譯本》（ *Syriac version* ）均以 sy 爲代號，指不同敘利亞譯本的一致文本，而四個主要不同的版本則以一個後加字母來代表。

1. **《古敘利亞譯本》**（ *Old Syriac* ），原爲四至五世紀之作，自 1858 年經英國博物館庫熱頓（ William Cureton of British Museum ）編制後，這譯本又稱爲《庫熱頓敘利亞文譯本》（ *Curetonian Syriac* ），代表這版本的字母爲 s 或 c ，則此版本譯本的代號爲 sy^s 或 sy^c [32]；
2. **《別西大譯本》**（ *Peshitta* ），亦爲四至五世紀之作，版本字母爲 p，此譯本的代號爲 sy^p；
3. **《非羅森譯本》**（ *Philoxeniana* ），出自六世紀，版本字母是 ph，此譯本的代號爲 sy^{ph}；
4. **《哈爾克譯本》**（ *Harklensis* ），亦是六世紀之作，版本字母爲 h，此譯本的代號爲 sy^h。

上述先後介紹的四個版本，其實也是按其繙譯性質作順序排列，即較偏向自由意譯的《古敘利亞譯本》在最先，而近於逐字直譯希臘原文、甚至違反敘利亞文語法也在所不惜的《哈爾克譯本》則在最後。如此，我們不單對不同版本的繙譯性質略有所知，且在針對重建新約原稿的工作上，自然明白《哈爾克譯本》以至《非羅森譯本》（尤其是直譯的對比句法）當然遠較其餘兩譯本爲有用，因此， sy^{ph} 與 sy^h 兩版本的譯本也自然多被引用。

科普替文（ Coptic ）可謂是源於古埃及語演變而來的最晚形式，

---

[32] 這兩個代號是代表兩個屬同一《古敘利亞譯本》的不同手抄本：《西乃手抄譯本》（ *Sinaitic* ）及《庫熱頓手抄譯本》（ *Curetonian* ）。

主要保存在基督教的文獻中。科普替文又可分爲多種方言體，今天已辨識了七種方言體[33]，在基督教盛行之前，這些方言體並沒有發展出書寫的文字，被繙譯出來的譯本也就算是這些方言的文字了。其中較爲主要的譯文有**沙希地話**（ Sahidic ），時爲埃及南部所通行，**波海利話**（ Bohairic ），時爲埃及北部所流通。時至今日，波海利話仍是科普替地區教會的禮儀性用語，這可能解釋了爲何直至十九世紀末，波海利話仍是最爲人知的科普替方言，而且，源自波海利話的手抄本遠比其他方言爲多。事實上，許多科普替其他版本的新約聖經也是以波海利話書寫的。代號 co 一般用來指所有科普替文譯本的一致文本，而在 co 後加的英文字母則代表不同（方言的）版本。（參 7.1.5.）

4.6. 教父著作

UBSGNT — 第四版的最重要貢獻，是把教父著作中所引用的新約文本重新整輯和排列，更清晰地將直接引用的經文與一般的暗示或意譯劃分開來。在 *UBSGNT* 和 *NA* 兩個版本希臘文聖經中，就只收錄有直接引用新約文本的教父著作，而且，只有希臘及拉丁文的教父著作才算爲證據來源，因爲要肯定其他語文的教父著作（例如敘利亞文及科普替文）原有直接引用希臘文本之意，根本是不大可能的。大多數早期和重要的教父，如**愛任紐**（ 200 年卒）、**亞歷山太的革利免**（ 215 年卒）、**俄利根**（ Origen ， 254 年卒）、**希坡律陀**

---

[33] 科普替文共有七種方言體：阿齊明話（ Akhmimic ，代號爲 ac ）、附屬阿齊明話（ sub-Akhmimic ，代號爲 ac^2 ）、波海利話（ Bohairic ，代號爲 bo ）、中埃話或曼非話（ Middle Egyptian or Mesokemic ，代號爲 mae ）、中埃費雲話（ Middle Egyptian Fayyumic ，代號爲 mf ）、原波海利話（ Proto-Bohairic ，代號爲 p^{bo} ）、及沙希地話（ Sahidic ，代號爲 sa ）。

（Hippolytus，235 年卒）和**該撒利亞的優西比烏**（Eusebius of Caesarea，350 年卒），他們的著作都經常被徵引，出現在校勘欄裏。

在留存下來載有這些教父所著的釋經書的古卷中，我們可以看到編排的形式與現時的釋經書很相似。在內文的註釋開始之先，會有一段經文，稱爲「註釋經文」（lemma，在校勘欄的代號是 lem），而在註釋當中，教父也會引述相同的經文，這稱爲「引述經文」（commentary proper，代號是 comm）。在很多這類釋經書的古卷中，這兩處引用的經文常有出入，主要原因是，很多後期的抄寫員在抄寫時，會不時以當時對抄寫員來說是較普遍的經文語句取代了原來的「註釋經文」。因此，一般而言，「引述經文」的語句是較「註釋經文」爲準確可靠。（參 7.1.6.）

第五章
新約經文鑑別學歷史

常聽人說，研讀歷史可以叫人更明白自己，這話同樣適切於新約經文鑑別學。研讀新約經文鑑別學的歷史，即使如此的略讀，也確實能讓我們更清晰自己的立場，和在這悠悠傳統中的位置，並從而叫人反省自身所持立場的理據。最明顯的例子是當涉及聖經譯本時，爲何我們在許多向來公認及擁有相當權威的譯本（例如英文的《英皇欽定本》、中文的《和合本》）以外，還須參照其他譯本？其中最主要的原因是，透過經文鑑別學的研究，我們知道這些「權威」的譯本所根據的希臘文文本，按我們現有的資料而評論，其實往往並非最可靠的文本。而現今兩本最盛行的希臘文新約版本 *NA* 及 *UBSGNT* 均以經文鑑別學的嚴謹方法來鑑別各類新約的文獻，它們實在也經歷了漫長的考驗，才贏得今日的學術地位。

以下我們會將新約經文鑑別學的歷史分爲四個階段來討論，每一階段的劃分，都意味著這學科在歷史發展的過程中一個重要的分水嶺。在最後的階段中，我們將會對 *UBSGNT* 版的希臘文新約聖經作一較詳細的介紹。

5.1. 宗教改革時期之前（主前三世紀至主後十六世紀）

經文鑑別學的歷史可以追溯至遠古時代，在主前三世紀，當亞歷山太圖書館（Library of Alexandria）建立之際，已非常關注古希臘時期著作（如詩人荷馬〔Homer〕）的手抄本的保存問題，所以我們有理由相信當時的圖書館管理工作，已涉及文本鑑別的功夫。不過，較爲精密的經文鑑別工作，大概要到俄利根的年代才真正出現。俄利根就在主後三世紀，編了他那史無前例的「六行聖經」（*Hexapla*），包括希伯來文、將希伯來文以音譯拼寫爲希臘字母，以及四個希臘文舊約譯本，即《亞居拉譯本》（*Aquila*）、《辛馬庫譯本》（*Symmachus*）、《狄奧多田譯本》（*Theodotion*）和《七十士譯本》（*Septuagint*），堪稱爲經文鑑別學之父。再過一個世紀，耶柔米發現在《古拉丁文聖經》的眾多手抄本裏出現許多歧異之處，於是便根據當時有的古卷，重新編制拉丁文聖經（主後 382 年），這便是我們所熟悉的拉丁文《武加大譯本》（*Vulgate*）。由此可見，經文鑑別學在三、四世紀間已有相當可觀的成就。然而，仍要延至 1454 年約翰尼斯．古騰堡（Johannes Gutenberg）發明活版印刷術之後，經文鑑別學才有長遠的發展。自此之後，文獻不再倚賴人手抄寫，這也就保證了複製過程的絕對無誤，使鑑別的成果得以精確地面世，且廣泛傳播。發明活版印刷的古騰堡亦印行了第一本拉丁文聖經，名爲《古騰堡拉丁文聖經》（*The Gutenberg Latin Bible*），至於希臘文新約聖經的印行，則要多等半個世紀才能成事。

5.2. 由宗教改革時期到《公認經文》（*Textus Receptus*）

由於在中世紀時期，拉丁文在教會中已成爲主流，並是教會的官方語言，所以一般來說，希臘文鮮爲人用，而希伯來文更不用多說了。惟一的例外可算是希臘東正教（Greek Orthodox Church），他們仍沿用自拜占庭時期（Byzantine period）流傳下來的經文傳統。隨著宗教改革所帶來的思潮影響，不單鼓動了平信徒對聖經研究的興趣，同時更掀起了一般對聖經原文的關注，這無疑使經文鑑別學更受人重視，且也催生了希臘文新約聖經的印行。

於 1502 年，西班牙大公教會的**紅衣總主教西曼乃斯**（Cardinal Ximenes of Toledo）開始策劃印行一本多語文的原文聖經，舊約部分以希伯來文、拉丁文，及希臘文對照編排，而新約則以拉丁文及希臘文對照，這本聖經就稱爲《康普路屯多語文聖經》（*Complutensian Polyglot*）。「康普路屯」（Complutum）一詞其實就是這本聖經發行地亞爾迦拉（Alcala）大學城的拉丁文名稱。可惜，由於未能得到當時教皇的批准，這書的印行受到延誤，故雖然全書於 1514 年已準備發行，但實際上，則要延至 1522 年才真正面世。

就在這延誤期間，一名荷蘭的人文主義者，鹿特丹．伊拉斯謨（Desiderius Erasmus）就在他的好友和當時著名的印刷商東主傅洛本（Froben）的鼓勵及催促下，企圖超前紅衣總主教的計劃，結果，只花一年的整輯功夫，就於 1516 年[34]火速地印行了第一本希臘文新約聖經。在當時資訊流通並不發達的年代，要考證一份文獻，往往要耗費大量時間往來不同地方，根本是急不來的。故此，伊氏存心火速超前的整輯計劃，自難確保其質素。況且，伊氏在當時根本找不到一份載有全部新約的完整手抄本，他所有的，就只是六份分別載有不同經卷的手抄本，加以湊合。若遇有不同的手抄本對同一段經文的載錄各有出入，他就加以比較和綜合，並隨意修改。此外，由於他所持載錄啓示錄的手抄本正缺去最後一頁，故啓示錄最後六節闕如，而伊氏竟逕以拉丁譯文譯回希臘文，充當原有文本。如此，經文編制幾成了經文繙譯，伊氏「自創」的這些異文雖然在任何已知的希臘文抄本中都找不到，但在所謂的《公認經文》（*Textus Receptus*）的希臘文新約聖經，卻始終錄用至今。雖然伊氏所編的第一本希臘文新約聖

---

[34] 許多學者都認爲伊拉斯謨趕於 1516 年印行第一版希臘文聖經，與 1517 年馬丁路德於威登堡教堂門口張貼九十五條抗議文的事件實並非巧合，而是正反映了伊氏對宗教改革的熱中態度。

經多受人非議，但卻仍非常暢銷，自 1516 年第一版面世後的二十年間，就已陸續再版四次（分別是 1519 年， 1522 年， 1527 年和 1535 年），其中的第二版（即 1519 年出版的）就是馬丁路德（ Martin Luther ）的德文譯本所依據的版本。第三版的影響力更是及於另一世紀。這源於在第二版出版後不久，一名在牛津的方濟會修士（ Franciscan friar ）弗羅依（ Froy ）手持拉丁文手抄本（屬《武加大譯本》）向伊氏作出挑戰，因爲伊氏並未收錄約翰一書五章 17 節的「約翰名句」或「約翰用語」（這名句的重要性在於它是三位一體教義的明確引證；參 4.3 ）。經過多番爭議後，伊氏大膽承諾，若僅有一卷希臘文手抄本收錄了此句，他就必於再版時將這名句收錄。結果，就在兩星期後，果然出現了這麼一卷小草體抄本，名爲 Montfortianus ，其代號是 61 。事實上，很多學者均相信這抄本根本就是弗氏所捏造的，不過，伊氏當時仍只好按照承諾，將這名句收錄在其第三版中，但他卻附加了一段註文，表示對這抄本的作者仍抱相當懷疑的態度。後來，當他參照過西曼乃斯（ Ximenes ）的版本後，就在其第四版中將此名句刪去。

然而，那收錄了這名句的第三版，長久以來仍爲許多早期的英文譯本所沿用（例如 1611 年出版的《英皇欽定本》），且也成了《公認經文》的始祖之一，其影響之深廣，可以想像。作爲第一位出版眾多希臘文新約聖經版本的人，伊拉斯謨確實已奠下了一個穩固的傳統（尤其是第三版及其中所收錄頗富爭議的「約翰名句」），深深影響著往後一個世紀陸續印行的希臘文新約聖經。

在伊拉斯謨之後，繼有巴黎著名的印刷商及書商**羅伯特．艾斯坦**（ Robert Estienne ），拉丁文的拼法是**斯提凡奴**（ Stephanus ），其家族可謂以印刷技術精良見稱[35]。艾氏就在這家族傳統的推動下，著意印行精美的希臘文新約聖經，結果，在短短五年內（1546~1551）印製了五版。其中的第三版（1550年出版），影響最爲深遠。這是第一本附有校勘欄的希臘文新約聖經，在每頁均有固定的版面，列出所發現的異文，這是根據十四卷希臘文古卷及參照《康普路屯多語文聖經》（*Complutensian Polyglot*）而來的成果。這版本一度成爲許多人（尤其英國人）所公認的標準希臘文聖經。

至於在歐洲大陸的日內瓦，加爾文（John Calvin）的繼承之一**西奧多·迪·伯撒**（Theodore de Beza），時爲頗負盛名的古典文學及聖經學者，就曾於1565至1611四十多年間，共印行了十版希臘文聖經，伯撒工作的重要性在於他的版本實在助長了《公認經文》的流通和定型，1611年出版的《英皇欽定本》，就是根據伯撒的幾個版本及斯提凡奴最後兩版的希臘文新約繙譯而來的。

在前文多次提及的《公認經文》這名稱，原出於**博納文圖爾·埃爾澤菲爾和亞伯拉罕·埃爾澤菲爾**（Bonaventure and Abraham Elzevir）兩兄弟於1633年所出版的第二版希臘文新約聖經。他們的版本建基於伊拉斯謨、斯提凡奴和伯撒的經文傳統上，卻以輕巧爲其特色。隨著1624年第一版普遍獲得認可的地位後，埃氏兄弟對其編制的經文成果相當滿意，認爲這是市面上所見最受公認的版本，故在第二版的序言中聲稱：「（讀者現有的）這些經文是眾所公認的（拉丁文爲 *Textus Receptus*），我們在此並無訛誤。」這原是一句不經意的廣告用語，卻由於這輕型版風行一時，所謂《公認經文》或稱《標準經文》，便成爲往後出版的希臘文新約聖經所標榜的口號。直至1881

---

[35] 印刷業在當時原是一門相當顯赫的事業，加上在宗教改革的熱潮帶動下，承印並發行希臘文聖經，就成爲領導當時教會界的象徵，無論在學術上，或在一般信徒中，都享有相當高的名望。

年以前，新教[36]所有用歐洲語系繙譯的幾本主要新約聖經，全部都是根據這《公認經文》的傳統，可見這口號背後所反映的是一個在歷史上曾久被公認、通行、依循、甚至是迷信而不敢移易的傳統。然而，今日看來，這傳統所依據的藍本，不過是一些較後期、且是粗挑濫選的小草體抄本，好些段落的異文，更根本沒有任何已知的希臘文文獻支持。這傳統歷來所享有的「公認」權威，也許只是「公認」的無知罷了。

5.3. 由《公認經文》到韋斯科特與霍特（Westcott-Hort）

自十七至十九世紀期間，相當數量的新約手抄本陸續被發現，由於這些手抄本所屬的年期遠比之前發現的更爲古遠，故自然亦更可靠。但問題是，這些手抄本所載錄的經文往往與當時的《公認經文》多有出入，要接受那久被公認爲權威的傳統原來是錯的，實非易事。況且，傳統的形成原非一朝一夕的事，故亦難以一日扭轉，且大勢已成，依循日久，一般人根本不易、也不願去改變。事實上，我們也會明白，在信仰上，人的確會趨於恪守一套既定的教條傳統，不敢冒犯，亦不易改變。所以，自從 1633 年所謂的《公認經文》誕生後，新約經文鑑別學的歷史就彷彿成了一場證據與傳統之爭，經文鑑別學鑑別出愈來愈多、愈來愈可靠的文本證據，也同時暴露出《公認經文》傳統愈來愈多的錯漏。然而，百般錯漏的傳統卻依然被「公認」下去，未嘗移易！

約翰．雅各布．格利斯巴赫（Johann Jacob Griesbach，1745~1812）原是研究福音書的著名學者，也是第一位敢於在多處放棄《公認經文》的歐洲學者，且獨立印行自己研究所得的新約經文。不

---

[36] 英文是 Protestant，筆者用「新教」這較普遍的譯詞，另可繙成「更正教」或「復原教」。

過，格氏的貢獻並不單在於他出版的三版新約聖經（1775~1777年於哈勒出版、1796~1806年於倫敦出版、1803~1807年於萊比錫〔Leipzig〕出版），他精心歸納出的十五條經文鑑別準則，對經文鑑別學發展的影響更是深遠，大部分這些準則都成了那在往後一個世紀定型的新約經文鑑別學的基準。

然而，第一位徹底揚棄《公認經文》的知名學者要算是著名德國古典學家與語言學家**卡爾·拉赫曼**（Karl Lachmann，1793~1851），他編的希臘文新約，盡量只憑古抄本，而非過去出版的印刷本，連小草體抄本也不入參照之列。經文就只根據較早的大楷體抄本、古拉丁文譯本和一些早期教父如愛任紐、俄利根等的著作，所以，由此而編定的文本自然就與《公認經文》的傳統大異了。

誠然，所能參照的手抄本當然直接影響所編成的希臘文新約的質素，在這裏，我們要介紹一位可謂將自己畢生全然奉獻在新約經文鑑別學上的人，我們對他大概也不會陌生，因爲在前文談及《西乃抄本》時，我們已提及過他，他就是**替申多夫**。他曾遍遊歐洲及近東的各圖書館，搜尋並檢查新舊抄本；畢生尋得並出版的抄本，以及評鑑的希臘文聖經，比任何一個學者都多。替氏於1841~1872年間，共印行了九版希臘文聖經（第九版是在他死後才出版的），其中的《第八增訂評註版》（*editio octava critica maior* 或簡稱 *Octava*），內附極豐富的校勘欄，可謂是前所未有的完整（共兩卷，1869~1872年出版），替氏終生搜尋編制的成果，無疑爲新約經文鑑別學邁向另一高峰鋪路。

自1850年代起，英國因受到歐洲自由主義的威脅，著名的「劍橋三俠」：**J·B·萊特富特**（J.B.Lightfoot，1828~1889）、**B·F·韋斯科特**（B.F. Westcott，1825~1901）和**F·J·A·霍特**（F.J.A. Hort，1828~1892），便有志於撰寫有更嚴謹釋經基礎的新約註釋。但正當他們尋找一本可靠的希臘文新約文本作起步點時，卻發現文本本身卻存在了相當多的問題。於是，三位中，除萊氏仍繼續其保羅書信的研究，並隨其寫作處理有關的文本問題外，韋氏和霍氏都轉而集中先處理新約文本的問題，目的是要整理出一本更可靠的希臘文新約文本。結果，經過他倆長達二十八年的努力（1853~1881），終於出版了一套兩卷的 *The New Testament in the Original Greek*，卷一爲希臘文經文；卷二包括珍貴的引言和附錄，清楚闡明其鑑別原則。卷一的希臘文經文並沒有編校勘欄，因爲這並非編者的原意。不過，他們卻更煉淨格利斯巴赫（Griesbach）及拉赫曼（Lachmann）等前人所發展下來的鑑別原則，並從而嚴格地辨別各種新約經文的文獻。可惜，他們當時所能接觸到的手抄本及古代譯本仍是相當有限，只有十九份大楷體抄本（相對替申多夫的《評註版》裏的八十八份）及一些小草體抄本和經課集，而大多數的古代譯本均未及參照；故此，他們所能憑藉的文獻證據，大部分都只可取自替申多夫在其《評註版》所整理的成果。在卷二頁 31 中就有這樣的宣稱：「對抄本文獻必須先有掌握，才能對異文作出最後的審斷。」可見他們對文獻證據的重視，然而，也正由於此，當他們深明自身所持證據相當有限時，他們並未敢隨便聲稱所編制的文本是絕對無誤的。事實上，他們只志在按當時所有的資源，盡量整理一本較好的文本，作爲釋經的根據，並日後再加修定的基礎。然而在整理的過程中，他們亦不時按有限的證據，立論然後推斷更早的文本。

綜觀而言，韋斯科特和霍特的貢獻是難以估量的，除了他們對某些組別的手抄本（如 ℵ及 B）有較明顯的偏袒外，他們確實已憑當時所有的資料，整理出最純正、最好的文本了。雖然後來發現新抄本，某些地方需要重編，但其於卷二所載的鑑別原則，都成爲今日新約經文鑑別學的重要基礎。我們將會在 7.2 節中對他們的鑑別理論作更詳細的討論。

韋斯科特和霍特的鑑別原則可謂特別側重於對手抄本的評鑑，相對來說，對所謂「內證」（即最能反映聖經作者的用語及信息的文本）的評估則較爲忽略。在我們進一步探討他們的鑑別理論前，必須先介紹另一位著名的釋經學者：**伯恩哈 · 韋斯**（ Bernhard Weiss ， 1827~1918 ），他在經文鑑別上所採取的方法可謂正與韋氏、霍氏相反，然亦因此，也正補充了他們的不足之處。韋斯沒有著力把抄本分類，並根據這些外證來對各種異文作客觀的評估，相反，他只從釋經的角度入手。他的做法是依據一個校勘欄，先逐卷檢查出新約中一些較爲重要而有出入的經文，按照上下文義，挑選一個他認爲與作者的寫作風格、神學觀點等最吻合的語句，作爲定案。韋斯如此編定的希臘文新約（共三卷，於 1894~1900 年間於萊比錫出版），其重要貢獻不僅在於表現出一位偉大解經家經多年研究後，對經文意義的成熟看法；更在於他那或被人譏評爲「主觀」的評鑑方法，引證了其他學者（如韋斯科特和霍特）用別的更「客觀」方法所得的成果。方法雖大異，但成果卻相當一致，那就更顯得可靠了。

由此可見，韋斯科特和霍特經歷二十八年努力所奠下的成果，實在是不可多得的。這還不獨在於其編制出的文本，他們所創下的鑑別理論，實更具深刻意義。若說他們的成就堪稱爲新約經文鑑別學的基石，亦並不爲過，也許，當今著名的新約經文鑑別學家 J · 內德維爾·伯索爾（ J. Neville Birdsall ）對他們的評價最爲透徹：

> 就是在一個世紀或更長遠以後，我們仍未能在既有的經文鑑別學基礎上，憑著那大量新近發現、且更精確仔細的文獻證據，豎立起一套相對來說〔比韋斯科特和霍特〕更精良的鑑別理論，來作爲建構文本的依據。即使從我們現在所建構的文本來看，我們亦總會發現這些文本與他們的版

本仍有著微妙的相關。[37]

在第七章，我們將會對新約經文鑑別學於二十世紀的主要發展作更詳盡的介紹。

5.4. 現代時期：內斯尼和亞蘭（Nestle-Aland）與 *UBSGNT* 版

上一節所介紹的最後三個版本，即替申多夫（Tischendorf）、韋斯科特和霍特（Westcott-Hort），以及韋斯（Weiss）所編的版本，多年來可謂已成為最具影響力、且相當通行的希臘文新約文本，故它們亦自然成為往後出版的希臘文新約文本鑑別的重要基礎。而環顧眾多建基於此、且企圖超越、志在建構一套「更完備」文本的希臘文新約版本中，特別值得一提的是**赫爾曼・F・馮・索登**（Hermann Freiherr von Soden，1852~1914）所編的版本。索登原是柏林市的一位牧師，由於得到一位富有朋友在經濟上大力贊助，故能派出許多研究生及學者，到歐洲及近東的圖書館去考察並搜集大量的手抄本，在這有利的條件下，索登就於 1902 至 1913 年間出版了他編制的四卷希臘文新約，名為 *Die Schriften des Neuen Testaments in ihrer ältesten erreichbaren Textgestalt hergestellt auf*

[37] 原文如下："Even after a century and more, we have not yet succeeded in erecting a new theory to account for our establishment of texts from evidence which has greatly increased in quantity and in the detail and accuracy in which much of it is known: and the texts we establish still bear an uncanny resemblance to their edition."（"Recent History of New Testament Textual Criticism [from WESTCOTT and HORT, 1881, to the present]"），頁 192。

Grund ihrer Textgeschichte[38]，這四卷的希臘文新約，常被人套以一句俗諺：「雖堪稱一絕，卻又功虧一簣」（a failure, though a splendid one）。那是因為他編制的版本雖然有著大量抄本作為依據，但由於抄本代號的編排系統相當繁複，未能普及，故其編制成果的可用性並不高，這實在是相當可惜的。

在二十世紀前，最通行的袖珍本希臘文新約要算是**埃伯哈德 · 內斯尼**（Eberhard Nestle，1851~1913）為威登堡聖經公會（Württemberg Bible Society）所編的版本（1898 年於 Stuttgart 出版），這版本原非一評註版的聖經，故只附有簡略的校勘欄。基本上，這版本的經文是比較替申多夫、韋斯科特和霍特，以及韋斯三個版本的經文而來，凡在正文擁有這三個版本中兩個的支持，就會被內氏採納，而其他一個語句則放在校勘欄裏。於 1927 年，埃伯哈德 · 內斯尼的兒子歐文 · 內斯尼（Erwin Nestle）接續印行第十三版，並附有更詳盡的校勘欄（載有更多的手抄本、譯本及教父著作的文獻證據）[39]。雖然在往後陸續修定的版本中，已作出許多的修改，但大體上仍沿用內斯尼的規模。內氏版本不足之處正在於其並非根據原來的文獻證據，尤其是那些自 1930 年代以來發現的大量新約蒲草抄本，當中的抄本所屬年期有更早達主後二百年，這些證據定可為歷史上編定的既有文本提供更可觀的視野。可惜，內斯尼父子卻在這比前人更優裕的條件下，仍沿用既有的文本，實屬遺憾！

---

[38] I. Teil, Untersuchungen, 1. Abteilung, Die Textzeugen, Berlin, 1902; 2. Abteilung, Die Textformen, A. Die Evangelien, ibid., 1907; 3. Abteilung, Die Textformen, B. Der Apostolos mit Apokalypse, ibid., 1910; II. Teil. Text mit Apparat, Göttingen, 1913.

[39] 歐文 · 內斯尼亦同時協助另一由 G · D · 基爾帕特里克（G.D. Kilpatrick）主編的希臘文聖經版本的籌備工作（1958 年出版於倫敦），這版本是為英國及海外聖經公會（The British and Foreign Bible Society）五十周年（1804~1954）誌慶的。

內斯尼文本發行至第二十一版（1952年出版），**庫爾特·亞蘭**（Kurt Aland）才首次加入編制的工作（直至第二十二版，亞蘭的名字才在首頁出現）。自此之後，亞蘭不但憑藉更多原來的文獻，對校勘欄中所列的證據進行詳細的校勘，更從新近發現的蒲草抄本中，歸納出更多新的異文。作爲路德宗的學者，亞蘭原是專於研究教會歷史的，但自1950年後，從他個人的出版中，卻漸漸展現其在經文鑑別方面的志趣與才華。1958年，他更在威斯特法倫的明斯特（Münster/Westfalen）創辦了「新約聖經文本研究所」（Institut für Neutestamentliche Textforschung），作爲進一步實現他理想的圖書館及語言教室。到第二十四版，亞蘭更成爲主編。在亞蘭參與編制的版本中，他定意要回到原來手抄本（尤其是蒲草抄本）來作爲最主要的證據。至於第二十五版，就有更可觀的改進，同時，他決定籌備出版一套嶄新的文本及校勘欄，此舉使該中心聲名大噪。此外，在多方面的贊助下，一系列有關新約經文研究的手冊、希臘文手抄本一覽表，以及個別學者研究的專論等均得以出版，還有由中心研究員合編的專文集及亞蘭個人的專論，全都在中心的推展下得以結集出版。至於重新編制新約文獻的證據及重建文本工作，則是較長遠的計劃。亞蘭其中一大意向是要重新修訂替申多夫的 *Octava*，可見此舉非常龐大；而按計劃，重整工作將由古教會公函（大公書信，即雅各書、約翰一、二、三書、彼得前後書及猶大書）開始。

正當亞蘭密切籌備其重編工作的同時，另一個相類的編制工作已近竣工，那是由美國聖經公會（American Bible Society）的**尤金·A·奈德**（Eugene A. Nida）開展的，目的是爲不同的繙譯群體提供一個更適切的聖經鑑別本，故所附的校勘欄只摘錄某些較爲重要的異文[40]。參與此項編制工作的，也包括亞蘭本人，另外，還有一隊國際知名的學者[41]，再加上各地聖經公會的通力合作，第一版的《希臘文新約聖經》（*United Bible Societies' The Greek New Testament*，簡寫爲 *UBSGNT*）終於在 1966 年出版。這 *UBSGNT* 版的經文基本上是根據韋斯科特、霍特的版本，再參照其他版本如默克（ Merk ）、內斯尼、索登、替申多夫等的版本，加以校勘。雖然或有人批評 *UBSGNT* 的編委對韋斯科特和霍特的經文傳統太過依附，但一般經文鑑別的評論家都以爲自韋氏、霍氏以來新近發現的文獻證據，尤其是蒲草抄本，均印證了韋氏、霍氏所選用文本的精確性。

至於在德國，亞蘭與其研究中心的同工多年來在新約經文校勘上努力，原是爲《內斯尼和亞蘭第二十六版》（ *Nestle-Aland*–26th Edition ）鋪路，且計劃專由德國聖經公會印行。不過，經過多方團體的協商，結果， *UBSGNT* 第三版（於 1975 年出版）的正文與 *NA* 第

---

40 這個整編工作是其中一個相當早期的計劃，原由聯合聖經公會盟會中的幾個主要地區聖經公會合力支持，首先是由美國聖經公會（ Amercian Bible Society ）發起，繼有蘇格蘭聖經公會（ National Bible Society of Scotland ）及威登堡聖經公會（ The Württemberg Bible Society ）合力贊助，直至 1961 年後，再有荷蘭聖經公會（ Netherlands Bible Society ）和英國及海外聖經公會（ British and Foreign Bible Society ）加入。

41 這版本的編輯委員主要包括明斯特大學的亞蘭（ Kurt Aland, University of Münster ）、聖安德烈大學的布萊克（ Matthew Black, University of St. Andrews ）、普林斯頓神學院的梅茨格（ Bruce M. Metzger, Princeton Theological Seminary ）、芝加哥大學的咸格納(Allen Wikgren, University of Chicago ），在第二版（ 1968 ）新加入的編委有羅馬聖經學院的馬蒂尼（ Carlo M. Martini, Pontificial Biblical Institute of Rome ），至於路德神學院的維維布斯（ Arthur A. Vööbus, Lutheran School of Theology ），則由於他在拉脫維亞人（ Latvian people ）中的事奉及有志於敘利亞文方面的研究，在參與頭四年的整編工作後，便退出編委。此外，還有超過四十位來自世界各地的學者作爲顧問，由此可見， *UBSGNT* 版可謂在新約經文鑑別學的歷史上第一本廣泛代表著不同宗派不同學者的評註版聖經。

二十六版（於 1979 年出版）的正文在用字上幾乎完全一致，只是在分段、拼字和標點等方面略有出入而已[42]，後於 1983 年出版的 *UBSGNT* 第三版修訂版（Third Corrected Edition），就更將那與 *NA* 第二十六版的分歧進一步減少。

在二十世紀早年出版的希臘文聖經，其中一大弱點是太倚重二手資料作爲經文鑑別的依據，所以，*NA* 第二十六版的出版可謂是新約經文鑑別學的里程碑。由 *NA* 第二十五版到第二十六版（期間經過長達十五年多的努力），其中一項重要的工作就是將每一個的抄本證據都與原來文獻核對。當然，*UBSGNT* 第三版（或 *UBSGNT* 第四版？）[43]也有相當的素質，至於 *NA* 第二十七版（出版於 1994 年），基本上，正文仍保留 *NA* 第二十六版的原貌，但在校勘欄中，則結合更多教父文獻的研究成果而重新修訂。

正如前述，*UBSGNT* 並不載錄所有文本鑑別的依據，而只是突出一些在解經及繙譯上較有意義的異文，尤其是那些其他教會傳統的繙譯者特別須要注意的異文，故相對於 *NA* 版的 10,000 個異文，*UBSGNT* 就只有 1,440 個，而大量（接近八成）有關字詞串法、字序調動、冠詞增減等對文義並無多大影響的歧異，則全無收錄。如此摘錄式的挑選，難免引起學者們質疑其賴以取捨的準則[44]；而且，簡略的異文載錄，也會使人對新約文本的複雜性產生錯誤的簡化印象。此外，在這些收錄了的異文中，又按其確切程度分爲 A、B、C、D 級，A 級表示編委認爲所選用文本的確切程度大致與原稿相當，而 D

---

42 事實上，兩個版本的合併計劃早於 *UBSGNT* 第二版（1968）與 *NA* 的第二十五版中已開始呈現（*NA* 第二十六版在當時還在籌備中）。

43 根據亞蘭在 *The Text of the New Testament*（頁 36）一書中表示，只有 *UBSGNT* 第四版能與 *NA* 第二十六版的質量看齊。

44 參閱 J.K. Elliott, "The United Bible Societies Greek New Testament: An Evaluation", *Novum Testamentum*, vol. XV, fasc. 4。

級則代表編委對所選用的文本仍採保留的態度，但相對其他眾多的異文，那已是比較可取的文本了。另一方面，若我們細心查考一般希臘文新約聖經中的校勘欄所列的證據，會發現這些版本往往參照了大量的手抄本，但卻只有小部分徵引在校勘欄中，而當一個證據被徵錄時，又不常常能同時提供正反兩方面的佐證；*NA* 便是一好例子。然而，*UBSGNT* 就明顯更勝一籌，它不單在校勘欄中展示了足夠的正反佐證，所列的證據也相當一貫，讀者可單憑其徵引的證據，就可從查看不同異文中對某手抄本作出評量。此外，我們也發現，在 *UBSGNT* 中所徵引的教父著作及經課集遠比 *NA* 版為完備，這主要是因為這些資料對繙譯者，尤其是與東正教傳統有關的繙譯工作，實在有必須參考的價值。

至於 *UBSGNT* 第四版，就更標誌著這通行的希臘文新約版本又有一大的躍進。這版的編輯委員會重組後，帖撒羅尼迦大學經課集研究中心的**約翰尼斯．卡拉維多普魯師**（Johannes Karavidopoulos, Lectionaries Research Center of the University of Thessaloniki）和**巴巴拉．亞蘭**（Barbara Aland）取替了**馬修．布克萊**（Matthew Black）及**艾倫．咸格納**（Allen Wikgren）兩位學者；巴巴拉．亞蘭（庫爾特．亞蘭的妻子）的加入顯然更突出了「亞蘭」這名字的影響。卡氏專責校勘希臘文經課集的工作（在 *NA* 第二十七版中同樣有此專責的安排）。在校勘欄的內容方面，除了新增了284段資料（例如在路十五1；羅一1，二16；猶大書1、4(2)、8及彼後一2，二21等）外，還刪去273段舊有的校勘資料；基本上，整個經文校勘欄均被修訂過。收錄新的異文也標誌著校勘欄的不斷改良，提高對繙譯人員的適切性。*UBSGNT* 第四版最大的特色是C、D級的異文明顯提升了，例如由B級升至A級的文本有：路加福音一章28、35節；使徒行傳二章18節，希伯來書三章6節等；而由C級升至B級文本有路加福音一章74、78節，希伯來書一3、8

節，八章 8 節等；更有些如使徒行傳二章 16 節大幅度由 D 級升至 B 級。這現象可能反映學者們長年研究所得的鑑別成果固然愈見堅實可靠，但另方面，長年研究仍只能達至 B 或 C 級，也意味著學術界的研究成果仍存有相當的限制，絕對的定論似乎仍遙不可及[45]。

新版本有一個新的校勘欄，名爲「語段分節校勘欄」（ The Discourse Segmentation ），這新項目反映出近代發展重視語段研究（ discourse analysis ）。與其注重不同的希臘文版本及現代譯本中的「標點符號」等一些形式上（其實是膚淺）的迴異，編委會更重視經文的章節分段（甚至是更大的分段）上的差異。當中包括了超過 20 個不同種類的分割；從最簡單的「分段」（ paragraph break ； P 或是無 P ），或是「分部」（ section break ； S 或是無 S ），到較高層次的功能語段，例如：命令、感受及詩體的結構。這樣的校勘欄肯定更能幫助讀希臘文新約聖經的學生。另外，編委會亦增加幾個現代譯本，例如《現代希臘文》（ *Apostoliki Diakonia* ）， *Today's English Version* ， *New International Version* ， *New Revised Standard Version* ， *Revised English Bible* 及三個法文譯本。很可惜，還未能包括任何中文的譯本。此外，新版本包括六百多處經文的「標點符號校勘欄」（ Punctuation Apparatus ），並列出三種語言共十個現代譯本及五個希臘文版本中不同語句的分段及標點：繙譯版本包括 *Authorized Version* 、 *Revised Version* 、 *American Standard Version* 、 *Revised Standard Version* 、 *New English Bible* 、 *The Zürich's Bible* 、 *Luther's Bible* 、法文的 *Jerusalem Bible* 、西班牙文的 *Segond Revised Version* 和 *The Translators' Translation* ；希臘文版本包括 *Textus*

---

[45] 參閱筆者「《聯合聖經公會希臘文新約聖經》第四版」的評論，見《建道學刊》 1994 (1) 頁， 121~125 。

Receptus、*Westcott-Hort*、*Bover*、*Greek Text of the British and Foreign Bible Society [2nd]*，*NA–25*。

UBSGNT 及 *NA* 的重大意義在於這兩個文本均被更正教及羅馬天主教認可接納，所以這個版本自然成爲任何新譯本及修定早期譯本的基礎，自 1968 年由梵諦岡（ Vatican ）及聯合聖經公會（ United Bible Societies ）制定了《聖經繙譯共同原則》（ *Guiding Principles for Interconfessional Cooperation in Translating the Bible* ）後，這版本的主導局面就愈趨明顯，而《聖經繙譯共同原則》更於 1987 年重新被確認爲《聖經繙譯共同指引》（ *Guidelines for Interconfessional Cooperation in Translating the Bible* ）。這希臘文新約版本可說是當代教會賴以演繹信仰的依據。當然，又由於 *UBSGNT* 版的聖經向來以廉價發售、甚至免費贈送，所以流行甚廣。這種種因素造就了這版本成爲「新公認經文」的局面，誠如 J · 基恩 · 埃利奧特（ J. Keith Elliott ）所論，聯合聖經公會及德國聖經公會一直以來對此版本大力的資助，無疑使這「超值」的版本在市場上擁有壟斷之勢。

5.5. 其他

正如在前一節（ 5.3 ）所提及，經文鑑別學者對文本內證（ internal evidence ）及外證（ external evidence ）的不同側重，往往標誌著新約經文鑑別學兩大進路的主要分野，而在上述本章的環節裏，我們主要闡述的經文鑑別方法及步驟，可謂是以 *NA* 及 *UBSGNT* 爲代表。由於早期的 *NA* 版經文傳統頗受韋斯科特和霍特版本的影響，故較偏袒亞歷山太的經文類型（ Alexandrian text-type ），尤其是 א 及 B ，而幾乎對所有的小草體抄本都予以輕視。所謂「經文類型」，是指一組的手抄本呈現類同特性的經文，而這類同的特性，尤其是指那些經抄寫員修改的相近痕跡，修改痕跡愈多的抄本類型自然就愈不可靠。不過，自 *NA* 第二十五版以後，編者基本上已揚棄了這種對不同文本先入爲主的分類方法，每一異文都加以獨立衡量，並不被其所屬的文類定型。因此，所謂廣泛取材式的「折中法」（eclecticism）就往往用來指這種對任何手抄本都不先存成見的鑑別方法。這鑑別方法基本上是認爲手抄本的分類並不可靠，因爲新約文本流傳的歷史根本就無從追溯，所以亦不能確認任何一類文本擁有更接近原稿的素質。持這觀念的學者，大部分是英國學者，例如G · D · **基爾帕特里克**（G.D. Kilpatrick）和**埃利奧特**（Elliott），就尤其著重內證的研究。

另一方面，雖然學者們普遍都認爲內證和外證均擁有同等的價值，但卻有部分學者仍傾向以不同類別的經文類型來作爲鑑別經文的基礎，這正如上述提過的*NA*和*UBSGNT*版也曾於早期因沿用過韋、霍氏的經文傳統，而對亞歷山太系的經文類型特別看重。相對來說，對「拜占庭的經文類型」（Byzantine text-type；或稱「主流經文類型」，Majority text-type）則比較輕視。因此，不同學者對個別文類的偏好自有出入，甚至持完全相反的論調。例如有學者認爲「拜占庭系經文類型」是最能反映新約原稿的文本。在韋、霍氏拒絕接受所謂的《公認經文》爲新約原稿文本的同時，一些學者如奇切斯特主教**約翰 · W · 柏根**（John W. Burgon，Dean of Chichestor，1813~1888）及其他英國教士都表示強烈的反對，因他們堅信拜占庭經文類型的傳統。近代更有學者根據《公認經文》來修定《新英皇欽定本》（*New King James Version*，1979），藉此對由其他文本譯成的新譯本以示抗衡，如 *Revised Version*（1881）、*American Standard Version*（1901）和 *Revised Standard Version*（1952）。時至今日，對這「主流經文類型」仍大力主張的可算是**阿瑟 · L · 法斯塔德**（Arthur L. Farstad）及**贊恩 · C · 霍奇斯**（Zane C. Hodges），他們編制了名爲《根據「主流經文類型」的希臘文新約聖經》（*The Greek New Testament According to the Majority Text*，

1982）。一般來說，由於這種鑑別經文的方法太看重文本的分類，所以難免過分倚重二手的資料，即倚靠既有的分類定型及校勘欄過於著實地做文本校對的功夫，這亦是最爲人詬病的。著名新約學者戈登·菲（Gordon Fee）評論這主流版本時謂：「這版本對史料作選擇性使用，甚至更有誤導成分，以致其幾乎不可能是、甚至肯定不是歷史的真貌。」[46]此外，也有些支持主流文本類型的學者如 H·A·**斯特爾斯**（H.A. Sturz）較爲中肯，其著作爲《拜占庭經文類型與新約經文鑑別學》（*The Byzantine Text-Type and New Testament Textual Criticism*）。

上述所論鑑別經文的不同方法，將於 7.2 節更詳細的討論。

---

[46] 原文如下："reflects highly selective and sometimes misleading use of historical data, and thus results in nearly impossible—certainly most highly improbably historical conclusions." *Trinity Journal* 4 (1983), pp.107~113.

第六章
經文鑑別學的實踐

無論是新約聖經或是其他古典的文學作品，文本鑑別學的目的就是根據所能找到的有關證據，重整出原有文本。通常來說，同一段的文獻記錄經過各種證據（包括手抄本、譯本和著作中的引用）相互校對後，往往會呈現若干的歧異。有些歧異是較輕微的，例如只是串字或字形的出入，並不影響文義，又或只是基於書寫習慣不同而產生的字詞互用。不過，另有一些較嚴重的歧異，包括句子結構的更動甚至大幅度重寫，故在理解上也有相當大的分歧。在辨認各手抄本異文的過程中，個別的文獻證據會呈現類同的書寫模式和字形，按此，眾多的文獻證據就被歸入不同的類別，然後，再根據這些類別的年期、原產地、分布區域和這些區域與當地教會在歷史上的聯繫等，嘗試建構出經文文本的發展史。

由於許多學習新約希臘文的同學對新約經文鑑別學只有很初階的認識，本節的目的就是簡介一些基本的鑑別原則，幫助我們對歧異的產生及新約經文鑑別學的運作有更清晰的了解，以便同學多一點掌握鑑別的方法，對新約經文鑑別學的一般運作更具鑑賞的能力。

6.1. 對錯誤的分類

在判定「錯誤」之先，我們必須握有原稿作為標準，但事實上，我們並沒有原稿，故此，所謂的「錯誤」只是相對性的，並且是受限於現有的資料，不過，在經文鑑別學上，這字仍常被採用來指那些重整文本中的明顯偏差。此外，值得一提的是，這字對出錯的抄寫員並不含道德上、或屬靈上的貶意，因爲我們相信，絕大部分的抄寫員都是忠誠的信徒，很難相信他們竟敢存心以上帝的聖言來開玩笑；所以我們相信所流傳下來的文稿，全已是他們盡力的成果，但仍可能出現錯誤。我們大致可將這些「錯誤」分爲刻意和無意兩類：

6.1.1. 無意的錯誤

顧名思義，所謂「無意的錯誤」就是指抄寫員的無心之失，這通常與抄寫員的身體疲累有關，以下就列述某些典型的無心失誤。

6.1.1.1. 形近字母的混亂

大楷體的 *sigma*、*epsilon*、*theta* 和 *omicron*，即 **C**（常稱爲 *lunar sigma*〔月彎 *sigma*〕）、**Є**、**Θ**、**O** 的寫法常會相混，例如提摩太前書三章 16 節的ὅς（他）一字在某些古卷中有另一語句是θεός（上帝），這可能是由於抄寫員混淆了 **OC**（ὅς 的字體）和θεός 的一般簡寫 **ΘC**。此外，*gamma*、*pi* 和 *tau*，即 **Γ**、**Π**、**T** 也會產生混亂，例如彼得後書二章 13 節中，就有 **ΑΓΑΠΑΙC**（*agapais*；喜愛宴樂；love feast）和 **ΑΠΑΤΑΙC**（*apatais*；欺騙；deceptions）的混淆；另有哥林多後書一章 12 節的 **ΑΠΛΟΤΗΤΙ**（*haplotēti*；真誠；sincerity）和 **ΑΓΙΟΤΗΤΙ**（*hagiotēti*；聖潔；holiness）的混亂。

6.1.1.2. 斷句的混亂

早期的蒲草抄本及手抄本大多因爲節省的緣故而連續書寫，並無分字斷句，於是，後來的抄寫員在複製這些抄本時，往往出現斷句的錯誤，例如腓立比書一章 1 節 σὺν ἐπισκόποις（*sun episkopois*；和諸位監督；with overseers）可以誤作爲 συνεπισκόποις（*sunepiskopois*；諸位夥伴監督；with fellow-overseers）；又如提摩太前書三章 16 節 ὁμολογοῦμεν ὡς μέγα（*homologoumen hōs mega*；我們承認這是何等的偉大……；we acknowledge how great...），又可以寫作 ὁμολογουμένως μέγα（*homologoumenōs mega*；自認地偉大；confessedly great），但文義卻大有出入。

6.1.1.3. 發音相近的混亂

通常來說，文士複寫抄本往往只能靠讀默的方式，但在基督教初興的年代，希臘文中一些母音及雙母音的發音是相當接近的，典型的例子是 ο 與 ω 相混（例如羅五 1 的 ἔχωμεν 與 ἔχομεν 相混，路十六 25 的 ὧδε 與 ὅδε 相混）、αι 與 ε 相混（例如路十四 17 的 ἔρχεσθαι 與 ἔρχεσθε 相混），更重要的是所謂「i 音現象」（itacism），這是由於某些字母的發音同是 i 音（如英文 f<u>ee</u>t），包括 η、ι、υ、ει、οι 和 υι，導致因聽覺而產生的抄寫錯誤，例如哥林多前書十五章 54 節，κατεπόθη ὁ θάνατος εἰς νῖκος（*katepothē ho thanatos eis nikos*；死被得勝吞滅；Death is swallowed up in victory）一句中的 νῖκος（*nikos*；得勝；victory），在 $\mathfrak{P}^{46}$ 及 B 的抄本中卻寫成 νεῖκος（*neikos*；衝突；conflict），句義卻變成「在衝突中死被吞滅」（Death is swallowed in conflict）。至於其他如第一和第二人稱代名詞（first and second person personal pronoun）的主格和間接受格複數，即 ἡμεῖς（*hēmeis*）與 ὑμεῖς（*humeis*）、ἡμῖν（*hēmin*）與 ὑμῖν（*humin*）的相混，就更是常見的異文。

6.1.1.4. 字詞相近的混亂

文士抄寫時，所依據的範本若有並列的兩行、都有恰以相若的字詞作結時，抄寫員很容易誤以第二行爲第一行，而直接跳越至第三行，結果就是整整抄漏第二行，這種錯誤稱爲「邊側視線」（*parablepsis*），皆由於「行尾類似」（*homoeoteleuton*）或「行頭類似」（*homoeoarcton*）而造成。B 抄本中的約翰福音十七章 15 節，就缺少了括弧中的話：「我不求你叫他們離開（世界，只求你保守他們脫離）那惡者」，這明顯是行尾類似的出錯，這抄本所依據的範本，其中的希臘經文很可能是如下的排列：

.... αὐτοὺς ἐκ τοῦ
κόσμου .... αὐτοὺς ἐκ τοῦ
πονηροῦ ....

此外，還有其他由於用字相近的錯誤，例如馬可福音十二章 27 節，有些抄本將 ὁ θεός（*ho theos*；上帝；God）寫成 ὁ θεὸς θεός，這將一字或一組字詞抄完再抄的錯誤，又稱爲「重複誤寫」（*dittography*）。另一個很好的例子是羅馬書七章 25 節的 χάρις δὲ τῷ θεῷ（*charis de tō theō*；感謝上帝；But thanks be to God），有些古卷的語句是 εὐχαριστῶ τῷ θεῷ（*eucharistō tō theō*；我感謝上帝；I give thanks to God），亦可能是因爲「重複誤寫」的緣故(ΤΟΥΤΟΥ[ΕΥ]ΧΑΡΙΣ[ΤΩ]ΤΩΘΕΩ）。相反，另外也有「重複誤漏」（*haplography*）的錯誤，這是由於相同的字母或字詞重複出現，因而誤將其一漏去，例如，帖撒羅尼迦前書二章 7 節，ἐγενήθημεν νήπιοι（*egenēthēmen nēpioi*；我們變成嬰孩；we became infants）卻漏寫爲 ἐγενήθημεν ἤπιοι（*egenēthēmen ēpioi*；我們變得溫柔；we became gentle），句義亦自然有所出入。

6.1.2. 刻意的錯誤

所謂「刻意的錯誤」，是指那些出於抄寫員有意識地（又是出於好意地）作出的修改。修改的目的通常是爲了對經文有更圓滿的理解（至少在他們心目中），所以說，這原基於他們的好意。他們或對所察覺的錯誤加以修正，或使語句更通順一致，於是，便「刻意地」偏離原有範本，對經文作出修改。事實上，稱這些修改爲「刻意的錯誤」並非很適切，因爲抄寫員本身從來並不意識自己出錯，況且，根本也沒有一本絕對的範本可資校對；不過，無論如何，在我們對鑑別學初步認知的階段，這名稱能幫助我們建立一個較明確的概念。從眾多的偏差中，我們大致可以歸納出下列四類刻意的修改：

6.1.2.1. 文筆的改進

這基本上是指希臘語文文筆上的修飾，尤其常見的是在啓示錄，例如在一章 4 節的 ἀπὸ ὁ ὢν καὶ ὁ ἦν καὶ ὁ ἐρχόμενος（*apo ho ōn kai ho ēn kai ho erchomenos*；從那昔在今在以後永在的； from who is and who was and who is to come），面對這類的描述，抄寫的文士通常都會在 ἀπό （*apo*；從； from）之後，插入 θεοῦ（*theou*；上帝； God）或 κυρίου （*kuriou*；主； Lord）一字，表明所描述的這位就是上帝，好使句義更明確。

6.1.2.2. 文義的諧協

負責抄寫的文士往往都有一普遍的傾向，那就是將聖經中平行的經文加以諧協，例如在路加福音十一章 2~4 節的主禱文，明顯就被馬太福音六章 9~13 節那篇較詳盡和爲人熟悉的篇章同化。另外，大部分舊約的引用都涵蓋更多舊約的上下文，而且，在用字上亦修飾得更接近《七十士譯本》的面貌。此外，諧協文義還包括刪去明顯不相符的地方，例如馬可福音一章 2 節，原本的 ἐν τῷ Ἠσαΐᾳ τῷ προφήτῃ （*en tō Ēsaia tō prophētē*；在先知以賽亞書上； in Isaiah the prophet）就被改爲 ἐν τοῖς προφήταις（*en tois prophētais*；在先知們的書上； in the prophets ），因爲其中的引用部分，只有後半部分才是出自七十士譯本的以賽亞書四十章 3 節，而前半部分似乎出自先知瑪拉基書三章 1 節，因此，修改了的經文在文義上就較爲合理。

6.1.2.3. 異文的合併

當不同的手抄本對同一段經文的載錄有出入時，有些抄寫員因難判斷何者更爲可靠，爲了不想有所錯過，就索性將不同的載錄綜合起來，全不作取捨的決定。例如在路加福音二十四章 53 節中， D 抄本的語句是 αἰνοῦντες τὸν θεόν （ *ainountes ton theon* ；讚美神；singing praise to God ），而 𝔓46 及 א 抄本則記載爲 εὐλογοῦντες τὸν θεόν （ *eulogountes ton theon* ；稱頌神； praising God ），於是，Codex A 及其他較後期的抄本，就兼容了兩者，出現了合併的語句：αἰνοῦντες καὶ εὐλογοῦντες τὸν θεόν （ *ainountes kai eulogountes ton theon* ；讚美並稱頌神），這於文義並無損害，而抄寫員的抉擇既安全又簡單。

6.1.2.4. 教義的考慮

當有些經文的記載與主流的信仰矛盾，又或並不符合抄寫員本身的教義立場時，那就容易出現「修正」，好減去其間的衝突。例如在馬太福音二十四章 36 節及馬可福音十三章 32 節中，許多抄寫員基於對耶穌基督神性地位的維護，根本無法接受連聖子仍昧於那日子、那時辰臨到的確實時候，於是索性將整句片語 οὐδὲ ὁ υἱός （ *oude ho uios* ；子也不知道； nor the Son ）刪去，以確保教義的「無懈可擊」，這明顯反映了教義主導的傾向。

6.2. 經文鑑別學的原則

要鑑別一個異文的不同語句，個別學者所採取的方法都不盡相同，而以下所介紹的可謂是普遍被接受的體系，且是初學者較易掌握的鑑別準則，這體系可在梅茨格的 *Textual Commentary* 頁 11*~14*中找到。在亞蘭等編定的 *The Text of the New Testament* 頁 275~276 中，詳列了十二條鑑別的基本規則，同樣是難得的方法論，頗值得留意。此外，還有另一套由 E · C · 科爾韋爾（ Ernest C. Colwell ）提出的鑑別體系，這將會在第七章 7.2.6 節中詳細討論。

由於鑑別任何文本的異文均有內證和外證的考慮，所以，以下的鑑別方法將分這兩大類來介紹，在往後 7.2 節有關不同鑑別理論興起的論述中，我們將更明白，不同鑑別進路的形成，正是由於對內外證的著重有所分歧所致。

6.2.1. 內證（ Internal Evidence ）

研究內證就是集中對一個異文的不同語句作出詳細審訂，根據作者的寫作風格及抄寫員的抄錄習慣，衡量出「最可能的語句」（ most probable reading ）。如此，在這衡量的過程中，我們只能推斷出較大可能性的文本，這是相對性的。此外，由於並非所有這些鑑別內證的原則都適用於處理每一個異文，經文鑑別學學者會按不同情況優先採用不同的原則。大致來說，評鑑內證的最重要的原則是：**在衡量某異文的眾多語句時，最可能的語句是最能解釋其他語句的存在**。在這個大前提下，我們可以分爲兩個可能性：「內在的可能性」（ Intrinsic Probability ）和「抄傳的可能性」（ Transcriptional Probability ）。

6.2.1.1. 內在的可能性（ Intrinsic Probability ）

簡單來說，這原則是從作者的角度，衡量哪個語句是最有可能出於作者的手筆，這又稱爲「語境的可能性」（ Contextual Probability ），而所謂的「語境」或「上下文」，不單參照該語句的上下文理而已，更廣及全書的寫作風格以至神學思想，目的（亦是其假設）是要使聖經作者在其著作中所顯出的風格及神學更呈一致。所以，例如保羅從未在某情況下用假設式的語氣（subjunctive mood），便斷定那假設式語氣的語句很可能不是原有的記載。

6.2.1.2. 抄傳的可能性（Transcriptional Probability）

哪一個語句是抄寫員最有可能的抄錄？哪一個是他們最有可能的誤差？要回答這些問題，可以應用兩條由經驗累積下來的法規，這些法規都因應著抄寫員可能有的一般心理而設。首先是「**較難懂的語句為可取**」（more difficult readings are preferrable），因為一般的抄寫員都傾向將他覺得難懂的語句變得易明，但他們的修改往往流於膚淺，使修改過的經文表面更合理，但實質卻不然。不過，所謂「難懂」，還是有一定限度的，有時太過古怪的語句不一定就是更原始的文本，反而有可能是筆誤而已。另一原則是「**較短的語句為可取**」（shorter readings are preferrable），因為抄寫員一般都傾向解釋原初的文本，故後來的文本往往較長；不過，若是基於「邊側視線」（*parablepsis*）的錯誤，較短的異文可能只是遺漏而已，那就不一定可取。

6.2.2. 外證（External Evidence）

研究外證就是集中對載錄的文獻（包括手抄本、譯本和教父著作的引用等）作一詳細的審訂。一般相信，文獻的年期及其特性是最關鍵的，而愈早的文本是愈接近原稿。因為在經文流傳的歷史中，傳抄就是產生誤差的最主要來源，傳抄的次數愈多，偏差的幅度亦愈大，所以按理推斷，晚近的抄本應不及古遠的版本接近原貌。不過，還須注意的是，抄卷的年期與其載錄文本的年期有時並不相符，這是由於某些早期的手抄本在流傳的過程中，往往經過整編，整編的結果，自然對原有的文本有所修定。在這情況下，文獻本身是屬早期，但所存的文本卻是晚期。有時候，有些經整編的早期文本已被鑑別出來，例如 א 抄本，就發現分別有 א*、א^1、א^2 等不同整編過的版本。所以，在鑑別手抄本年期的同時，亦不可忽略所載文本本身的年期。

由於絕多數手抄本也不是直接從原稿抄錄過來的，而是只以其他較早期的抄本作範本而抄成，於是，在漫長的抄傳歷史中，不同的範本理應延伸出不同體系或類型的抄本，而在同一類型的抄本中，也自然反映出年期相近以至特性相類的文本記載。故此，集中研究各抄本的年期及特性可幫助我們將抄本歸類，並尋出其抄傳經文類型，透過這樣將抄本定位的研究，我們便能對各抄本的可靠程度有一基本的評估。圖七很清楚顯示從原稿延伸至後期古卷的路徑相當複雜。例如，一份古卷可以成爲多份古卷的範本，同樣一份古卷的形成亦可能參照多份古卷。無論如何，在眾多古卷的抄寫中，經文類型便慢慢成形。

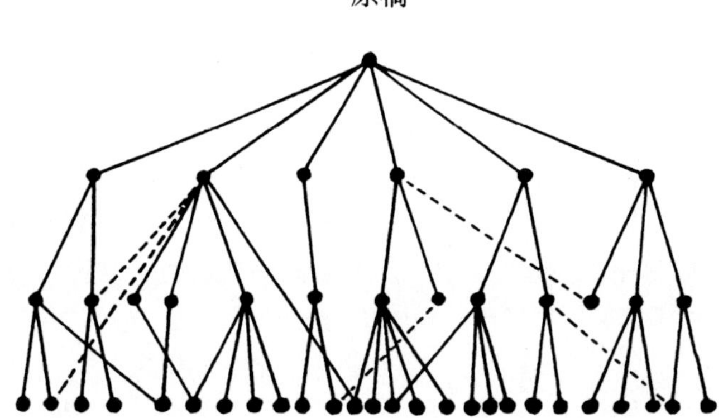

圖七： J.H. Greenlee, An Introduction to New Testament Textual Criticism (Grand Rapids, MI: Eerdmans, 1964), p.14.

歷來對抄傳體系的研究，大致可將手抄本分爲三大族系，這又稱爲三大「經文類型」（ text-types ）[47]，由於同一族系的手抄本多數出於相近的地域，所以，經文類型亦往往以該地名爲名。

亞歷山太經文類型（ Alexandrian text-type ），韋斯科特和霍特（ Westcott-Hort ）又稱爲「中性文類」（ Neutral text-type ），除了有少量古卷因後期修改而混亂外，一般都公認這是最優良的文類，且是最接近原稿的文本。亞歷山太經文類型一般以較短及較難明白爲其特性，自韋氏、霍氏以來，這經文類型備受推崇。不過有一例外，那就是所謂「**缺少西方經文類型滲混特徵**」（ Western non-interpolations ）的經文，用此累贅的稱呼，皆因韋氏、霍氏不願意稱這些經文爲「中性滲混」（ Neutral interpolations ），他們就用雙括號來識別這部分的經文，這包括馬太福音二十五章 49 節，路加福音二十二章 19~20 節，二十四章 3 、 6 、 12 、 36 、 40 、 51 和 52 節等，他們之所以拒絕 א 及 B 抄本在這幾段經節上所提供的佐證，是由於西方文類於此顯出沒有增添的痕跡（雖然其一般都顯出較長的記載），相反，亞歷山太（中性）經文類型卻呈現增修的記載。其實，含有「缺少西方經文類型滲混特徵」的不止這九段經文，還有馬太福音九章 34 節、馬可福音二章 22 節、十章 2 節、十四章 39 節和約翰福音四章 9 節等十多段經文。此外，在後期學者的研究裏，發現屬「亞歷山太經文類型」的古卷（包括「伯默蒲草紙集」〔 Bodmer Collection 〕）的抄寫素質非常高；因此，雖然在某些經文，屬「亞歷山太經文類型」的古卷的語句較長，但這並不等於這些語句比短的語句差。

大部分的學者（亦包括梅茨格）都將亞歷山太文類分爲「早期」（ primary ）及「後期」（ secondary ）兩類。基本上，後期的亞歷山

---

47 撇開對教會歷史的考慮，一般的分類是按手抄本所呈現的相同異文而定，例如，如果一組的手抄本呈現一定數量的共同語句，而這些語句又沒有在其他的抄本出現，那就可以斷定這些抄本皆從同一族系而出。

太經文類型（例如 C 抄本）與韋氏、霍氏所稱的「該撒利亞經文類型」（ Caesarean text-type ）相似，那可說是「西方經文類型」與「亞歷山太經文類型」的混合，這類經文顯著的特性，在於常在結構及句法方面加以修改，且多有文筆上的修飾。亞歷山太文類主要包括一些早期的大楷體抄本（例如 א、 B ）、科普替文譯本（ Coptic versions ），及亞歷山太地區幾位重要教父的著作（例如俄利根及亞歷山太的革利免）。代表這族系的主要文獻有[48]：

1. **早期亞歷山太經文類型**（ Primary Alexandrian ）：𝔓45 （使徒行傳）、𝔓46 、𝔓66 、𝔓75 、א、 B 、部分《沙希地語譯本》、亞歷山太的革利免著作、俄利根著作（部分）和許多載有保羅書信的蒲草片斷。
2. **後期亞歷山太經文類型**（ Secondary Alexandrian ）：
   a. 福音書：(C)[49]、 L 、 T 、 W （路加福音一章 1 節~八章 12 節及約翰福音）、(X)、 Z 、 Δ （馬可福音）、 Ξ 、 Ψ （馬可福音全部及路加、約翰福音部分）、 33 、 579 、 892 、 1241 和《波海利譯本》；
   b. 使徒行傳：𝔓50 、 A 、(C)、 Ψ 、 33 （十一 26~二十八 31 ）、 81 、 104 和 326 ；
   c. 保羅書信： A 、(C)、 H 、 I 、 Ψ 、 33 、 81 、 104 、 326 、 1739 。
   d. 普通書信：𝔓20 、𝔓23 、 A 、(C)、 Ψ 、 33 、 81 、 104 、 326 和 1739 ；
   e. 啓示錄： A 、(C)、 1006 、 1611 、 1854 、 2053 和 2344 ，另有較差的𝔓47 和א。

---

48 以下所列出屬每類型的文獻是取自梅茨格的 *Textual Commentary* 頁 15~16 。

49 在這編列中，括號代表該抄本的文本呈現混雜的性質。

西方經文類型（ Western text-type ）的普遍特徵是文意傾向諧協，且多有隨意增修、合併語句的現象，文筆風格更見刻意修飾的功夫，刻意雕琢的痕跡相當明顯。著明的例子是使徒行傳，西方經文比亞歷山太經文足足長了 8~10% 之多[50]。西方經文類型主要包括大楷體 D 抄本、《古拉丁文譯本》、《古敘利亞文譯本》，還有小部分其他教父如愛任紐、特土良、耶柔米等的著作。值得留意的是，在西方經文類型中，我們找不到載有啓示錄的文獻。代表這類型的主要文獻有：

1. 福音書：𝔓69 、א（約翰福音一章 1 節~八章 38 節）、 D 、 W （馬可福音一章 1 節~五章 30 節）、 0171 、《古拉丁文譯本》、 syr^{s} 及 syr^{c}（部分）、以及早期拉丁教父著作；
2. 使徒行傳：𝔓29 、𝔓38 、𝔓48 、 D 、 E 、 383 、 614 、 1739 、 $syr^{h\text{-}mg}$ 、 $syr^{pal\text{-}ms}$ 、 cop 、 G67 、早期拉丁教父著作和《敘利亞以法蓮的註釋本》（ *Ephraem Syrus* ）；
3. 書信：希臘及拉丁文對照的 D 、 F 、 G 和三世紀末以前的希臘教父著作，還有古拉丁和早期拉丁教父著作。

拜占庭經文類型（ Byzantine text-type ）有很多不同的名稱，如韋氏、霍氏的「敘利亞經文類型」（ Syrian text-type ），索登（ von Soden ）所稱的「通俗希臘語經文類型」（ Koine text-type ），更有稱爲「安提阿經文類型」（ Antiochian text-type ）或「教會經文類型」（ Ecclesiastical ）。這基本上是一類混合的經文類型，可以追溯到由四、五世紀時的整編工作（如亞歷山太抄本）；這異文融合的文

---

[50] 值得留意的是，法文的《耶路撒冷聖經》（ *Bible dé Jerusalém* ），以及繼後的《新耶路撒冷聖經》（ *New Jerusalem Bible* ），都較其他譯本愛跟從西方經文類型，這是由於在新約經文鑑別的研究上，相對於世界其他地方的學術傳統而言，法國學者都對西方經文予以較高的尊崇。

本曾被帶到君士坦丁堡（ Constantinople ），自此，所有的拜占庭經文（主要是小草體抄本）都以此爲範本，所以，拜占庭經文類型有時又被稱爲「主流經文類型」（ Majority text-type ）。這類經文的特點是文筆比較流暢，亦有不少語句其實是合併屬早期不同文本的語句。受到韋氏、霍氏的影響，拜占庭經文類型一般被認爲是價值最低的文類；屬這類型的一個著名例子就是《公認經文》。不過在近年新約經文鑑別學的研究中，有學者發現某些原被判定爲屬拜占庭類的小草體抄本，卻保存了可觀的早期文本記載，因而重新被歸入亞歷山太經文類型，例如小草體抄本 1739 （十世紀完成），就保存了一種頗接近抄本 𝔓46 的文本，由此可見，對拜占庭文類的處理，仍須十分謹慎，不宜輕忽。至於代表這族系的主要文獻包括：

1. 福音書： A 、 E 、 F 、 G 、 H 、 K 、 P 、 S 、 V 、 W（馬太福音和路加福音八章 13 節~二十四章 53 節）、 **Π** 、 **Ψ**（部分的路加和約翰福音）、 **Ω** ，及許多小草體抄本；
2. 使徒行傳： H 、 L 、 P 、 049 ，及大部分小草體抄本；
3. 書信： L 、 049 ，及大部分小草體抄本；
4. 啓示錄： 046 、 051 、 052 ，及大部分小草體抄本。

經文類型的劃分也是相當富爭議性的，我們將會在 7.2 節中對此有更詳盡的討論，歷來在這方面的爭論可謂未有中斷過。若能清楚界定經文的類型，確有助於建構原來的文本，但更值得深思的問題是，是否只要按抄本所屬的類型，就能清楚判定其中某一的異文是原有的載錄，還是傳抄的失誤？是無心之失，還是刻意的修改？在這裏，我們不難明白，外證研究的成效仍是相當有限的。

最後，值得一提的是，評鑑抄本一個很重要的通則是：**質量比數量爲重**。也就是說，在取捨某語句時，不能單以表面佐證量多爲優，還要細察這些佐證所出的地域，因爲同一地域內互相抄傳的關係，必然是彼此影響；所以，出於不同地區抄本的共同語句理應有較強的支持，相反，出於相同地區抄本（同一經文類型）的共同語句，那管它有多大量，也只算作一項佐證。舉個例子，若有 A–B–C 及 D–E–F–G–H 兩組抄本分別支持不同的異文語句，而兩組抄本均有族系上的關連，則雙方的佐證比例只能算作 1 比 1，而非 3 比 5。

6.3. 經文鑑別學於釋經專文上的應用

在撰寫原文（希臘文）釋經專文時，我們必先處理經文的文本問題，才能進行真正的釋經，因爲經文文本的重整，根本是進行任何釋經的基本條件。本書並不期望讀者就此便能進行經文鑑別的第一手研究，而是透過梅茨格 *Textual Commentary* 一書，集中處理某些在釋經上較有討論價值的異文，並透過梅氏的討論，可以掌握取捨異文的準則；當然，若讀者能更曉得評量所選異文的恰當程度，那就更理想了。在 *NA* 及 *UBSGNT* 的經文基礎上，本節展示如何評量在經文校勘欄中所載的文本資料，並從而在釋經專文中鋪陳出扼要的分析。在這裏，讀者必須記得 *UBSGNT* 與 *NA* 在校勘欄所列出的文本資料最大的分別在於 *UBSGNT* 只載錄那些影響繙譯以至釋經的異文；換句話說，我們從這兩版聖經所載異文的差別，已能多少辨別出哪些異文是必須在釋經專文中討論的。由於梅茨格的 *Textual Commentary* 主要是討論 *UBSGNT* 所列的異文，此外，也涉及另外六百個只載於 *NA* 的異文，所以，讀者若以此書所列的異文，作爲釋經中必須討論的範圍，那可算是相當穩妥了。

由於 *Textual Commentary* 書中的討論相當精簡，讀者必須對所討論的課題有一定程度的認識，才能明白其中的細節，但一般讀者均未能達至該地步。有鑑於此，於 1994 年 5 月，聯合聖經公會成立一特別委員會，志在根據梅氏的 *Textual Commentary*，出版另一「增訂版」（Expanded Edition），由哈羅德．斯坎連（Harold Scanlin）負責統籌，羅杰·奧曼森（ Roger Omanson ）博士負責初稿。[51] 基本上，這「增訂版」詳盡闡釋梅氏的 *Textual Commentary* 的討論，其重點是更清楚闡明那些影響繙譯和解釋的異文，好幫助繙譯人員或神學生更清楚梅氏的討論和有效地運用該書。在內容上，「增訂版」在很多地方顯然是重複梅氏的討論，但這絕不能取代 *Textual Commentary* 的重要性，特別是「增訂版」較少討論手抄本之間的關係及一般外證的考慮因素。無論如何，研讀聖經的人必會發現此書可讀性相當高，討論清晰易明（這就正如其他大部分聯合聖經公會的出版一樣）。隨著「增訂版」的面世（大概在 1998 年中），平信徒對經文鑑別研究的成果將更容易掌握和了解。

6.3.1. 處理異文的起首步驟

評鑑異文是非常複雜的，因此在初學階段，讀者必須按部就班，養成一個習慣。在處理某異文的內外證之先，筆者鼓勵讀者先作以下幾點起首步驟：

1. 比較 *UBSGNT* 和 *NA* 出現的異文；
2. 異文大致可分爲兩類，一類是反映不同的經文解釋，另一類則只涉及作者不同的文筆風格。一般來說，在撰寫釋經專文時，後者以及那些只有少數後期文獻支持的異文都可略去，而只須要集中處理一些在釋經和繙譯上有較重大意義的異文；故此， *UBSGNT* 校勘欄、梅茨格的 *Textual Commentary* 和將出版的「增訂版」能爲這篩選提供一個很好的指引；
3. 對於每一個要討論的異文和語句，必須先列出各種不同的語句（當然包括在正文中取用的語句），並提供一個較字面的繙譯，好反映不同語句在意義上的出入。在此， *UBSGNT* 對異文的不同

51 其他成員還有新約學者保羅·埃林沃思（ Paul Ellingworth ）和筆者。

記載均完整列出，而 *NA* 則採用了簡略寫法（參「 *Nestle–Aland* 第二十七版符號參照表」）。梅氏的「增訂版」更經常把不同的語句（用英文）繙譯出來，這一定會有很大的幫助。

透過上述的步驟，讀者將對個別異文的語句有更全面的認識，加上所作的繙譯，他們將更明白不同語句對經文文義所造成的影響。

6.3.2. 外證的處理

1. 記錄每一個異文語句所有的文獻證據。 *UBSGNT* 的校勘欄列出每一異文語句的全部證據，且按著蒲草抄本、皮抄卷、古代譯本和教父著作等次序排列，而 *NA* 所列出的證據便較簡單；
2. 在 *UBSGNT* 校勘欄裏，要留意不同現代譯本（主要是英譯本）採用的語句，尤其是那些支持異文語句的譯本；讀者盡可能翻開該譯本，查看因採取不同語句所引致的不同繙譯；
3. 按經文的類型（ text-type ），將支持異文的文獻證據逐一分類，在梅茨格的 *Textual Commentary* 頁 14~16 中，可找到代表各文類的主要抄本，這部分在本章 6.2.2 節段有關外證的論述中，亦有載錄；
4. 重新編排證據資料，按證據的可靠程度由高至低順次排列，且根據各類經文類型的特性（參閱前節），來界定每一異文語句的性質；當然，排列首位的自然是最可靠的記載，這亦往往成爲正文所採納的文本，至於那些可靠性低的異文語句，則可以略去。

小結：到這個地步，讀者可以就此假定，排行首位的異文語句就是最可靠，且是最接近原文的文本，以下簡單的表列有助分類和綜合以上的分析。

語句及其繙譯	異文的類別	按經文類型排列證據	錯誤的歸類

6.3.3. 內證的處理

1. 抄傳的可能性（ transcriptional probablities ）：因應抄傳過程中可能出現的錯漏（參 6.1 「錯誤的分類」），檢視每一語句的可靠程度，將異文的不同語句的歧異原因加以分類，例如遺漏、增添、字序調動、字詞替換或互換等；
2. 內在的可能性（ intrinsic probablities ）：從作者的文筆風格、用字和神學等方面著眼，衡量每一異文的可靠性。

小結：由於內證的討論牽涉到讀者對抄寫員的抄寫方式和對整本希臘文聖經的認識，一般人不容易掌握，因此，梅茨格的 *Textual Commentary* 和其「增訂版」是基本的參考用書。

6.3.4. 異文分析的鋪陳

凡是研究，一般都牽涉兩方面，一是分析研究、一是表達鋪陳，而其中的要訣是：並非所有經過分析的資料都必須鋪陳出來。在神學院的聖經研究科目中，由於每個老師對經文鑑別的興趣和要求不同，所以在撰寫釋經專文時，能作爲交代經文鑑別問題的篇幅往往相當有限，故此，同學就更須扼要鋪寫，知道甚麼必須交代、甚麼可以略去。在外證方面，只須以經文所屬的經文類型爲單位作討論，且只列引重要的文獻證據便足夠，一般來說，鋪陳外證的分析比鋪陳內證的分析較爲簡單，因爲外證的衡量比較客觀；但由於我們對異文的處理都是基於釋經的需要，而有關內證的分析正往往涉及經文的詮譯，所以對內證的交代就比較繁複。在這裏，同學會發現，證據的分析很可能達致與梅氏不同的結論，在此，必須作出提醒，雖然梅氏的評鑑不一定全面，但卻代表著整個編輯委員會的共同意見，同學必須避免誇大某些別的證據，而偏離了梅氏的主線；若有任何相反的結論，筆者以爲，那就更要謹慎處理，而表達上，宜予以保留的態度。

6.4. 範例：約翰福音二十章 30~31 節

在本節，我們將會藉著約翰福音二十章 30~31 節一段短小的經文作爲範例，展示出在撰寫釋經專文的過程中，處理文本鑑別問題的具體步驟。以下首先列出的是這段經文（根據 *NA*–第二十七版）的原文文本：

30 Πολλὰ μὲν οὖν καὶ ἄλλα σημεῖα ἐποιήσεν ὁ Ἰησοῦς
ἐνώπιον τῶν μαθητῶν °[αὐτοῦ], ἃ οὐκ ἔστιν γεγραμμένα ἐν
°1τῷ βιβλίῳ τούτῳ· 31 ταῦτα δὲ γέγραπται ἵνα ⸀πιστεύ-
[σ]ητε ὅτι Ἰησοῦς ⸂ἐστιν ὁ χριστὸς ὁ υἱὸς⸃ τοῦ θεοῦ, καὶ ἵνα
πιστεύοντες ζωὴν ⸆ἔχητε ἐν τῷ ὀνόματι αὐτοῦ.

對文本作了初步的文法分析（諸如辨認各字詞的文法資料，以至各類型片語的結構等）後，我們就可以綜觀經文中所出現的異文，並決定何者會對文義造成影響，須要詳加討論。*NA*–第二十七版就列出了五處異文，相對地，*UBSGNT*–第四版，卻只列出兩處，那同樣見於梅氏 *Textual Commentary* 中的討論。在篩選值得討論的異文上，上述三本書的對照，已給我們不少的提示，不過，儘管我們不必討論 *NA*–第二十七版中所列的全部異文，但若我們稍爲交代五處異文所涉及的範圍，例如修飾文筆、澄清文義，甚至影響文理等，從而選出值得進一步討論的異文，那不獨更見說服力，且更反映所作分析的透徹。

1. αὐτοῦ（*autou*；他的；his）的插入仍存疑，所以用括號表示，雖然梅氏在書中也有討論這插入的異文，但它明顯不影響文義；
2. 有異文略去冠詞（article）τῷ（*tō*；the），同樣也不影響文義；
3. ἐστιν ὁ χριστὸς ὁ υἱός（*estin ho christos ho huios*；是基督，兒子；is the Christ, the Son）的字序調換為 ὁ χριστός ἐστιν ὁ υἱός（*ho christos estin ho huios*；基督是兒子；Christ is the Son）。文筆上，這樣的調動可能使原來焦點 ὁ χριστός（*ho christos*；基督）轉移了。調動後的句式是（Ἰησοῦς）ὁ χριστὸς ἐστιν（*Iēsous ho christos estin*；耶穌基督是；Jesus Christ is），這可意味當時讀者已普遍接受耶穌作為彌賽亞（救主基督）的身分，故毋須加以強調，反而將焦點放在後面 ὁ υἱὸς τοῦ θεοῦ（*ho huios tou theou*；神的兒子；the Son of God）的片語上，表明主耶穌的神性身分。至於這處異文的另外兩種語句，支持的證據不多，故不足以討論；
4. ἔχητε（*echēte*；可以得；may have）之前插入 αἰώνιον（*aiōnion*；永恆的；eternal），只是把原本 ζωὴν（*zōēn*；生命；life）隱藏的意思表明出來，於文義並無影響；
5. 至於最後一處異文 πιστεύ[σ]ητε，則是一個值得商榷的分歧，σ 的存在與否，直接影響其時態，而時態的轉變又會導致文義的轉移：現在時態的 πιστεύητε（*pisteuēte*；你們可以繼續相信；you may continue to believe），可能意味讀者要保持其信念，換言之，讀者已是信徒，而作者只是要堅固其信心；但若改為過去不定時時態的 πιστεύσητε（*pisteusēte*；你們可以信；you may believe），讀者便可能是未信的人了。

小結：全篇五處異文中，只有 πιστεύ[σ]ητε 一處需要討論，這包括兩個語句，分別是 πιστεύητε 與 πιστεύσητε ，而以括號標示的 σ，顯示編者也不肯定哪個語句才是原來文本。

若考慮到外證方面（參閱以下表列），會發現兩方所持的證據也相當平均，支持現在時態的文獻雖然不多，但卻非常有分量， B 和 ℵ 的原抄本（還包括𝔓66，雖然所載的異文語句並非很清晰，故有上標 vid ）都爲現在時態的語句提供有力的證明。不過，支持過去不定時時態語句的文獻卻散見於不同地域和不同文類的記載中，這亦是不可忽略的證明，雖然，這方最早的文獻證據只是 ℵ2，這標示 ℵ（或 ℵ*）的第二次修訂過的語句，出自五世紀，但亦不能抹煞其他抄本不會保存了更早期的文本。

語句及其繙譯	異文的類別	按經文類型排列證據	錯誤的歸類
πιστεύσητε（*pisteusēte*）「你們可以信」“ you may believe ”	替換	早期亞歷山太經文類型：ℵ2；後亞歷山太類型： C 、 L；西方類型： D；拜占庭類型： A 、 W，及大部分拜占庭類型的小草體抄本	沒有
πιστεύητε（*pisteuēte*）「你們可以繼續信」“ you may continue to believe ”	替換	早期亞歷山太型：𝔓66vid 、ℵ* 、 B	沒有

至於內證方面的考慮，這語句的分歧明顯是故意造成的。在約翰

福音十九章 35 節中可找到另一個相類的異文（ πιστεύ[σ]ητε ），與本節同樣含糊不定，不過，在約翰福音中卻清楚找到一些經文，意味當時的讀者對猶太的背景並非很熟悉（例如一 38 、 42 ，四 9 ）。然而，這仍不足以證明讀者就是未信的群體。在這方面較爲有力的證據是關乎主題上的平行，在約翰福音序言中的一章 12 節 **τοῖς πιστεύουσιν εἰς τὸ ὄνομα αὐτοῦ**（ *tois pisteuousin eis to onoma autou*；信祂名的人； who believed in His name ），這裏所用的現在分詞，與二十章 31 節 **πιστεύοντες**（ *pisteuontes*；信的人）有一定的出入：後者可以是包括新信徒或持守這信仰的人，但前者的上下文，似乎較明顯是指未信的群體而言。再加上前文分析各異文的第二點 **ἐστιν ὁ χριστὸς ὁ υἱός**（ *estin ho christos ho huios* ）的討論，按語法作者是介紹耶穌這人物（當然，這亦可理解爲宣認的句子〔 confessional formula 〕），似乎更配合「讀者爲未信的人」這方面的結論。

綜觀兩方的證據，仍難以下定論，但過去不定時時態的語句，似乎與約翰福音全書的信息脈胳更爲吻合。讀者不應覺得這樣的結論好像是不肯定和無可奈何，事實上，有不少異文（特別是在正文用方括號 [ ] 括上的語句）均屬這類別。況且，我們在撰寫釋經文章時，應經常對所研究後的結論有保留，不宜過分自信及作出一些過於自己所能承擔的結論。

前面的圖表可以總結一般外證的討論，但卻沒有內證的討論；筆者以下的一段文字，可以作爲在一篇釋經文章裏，總結約翰福音二十章 30~31 節有關文本的討論：

在 *NA*–第二十七版中，本段經文共有五處異文，由於並非每處異文均對釋經和繙譯上構成影響，所以我們只集中討論一處異文：

πιστεύ[σ]ητε ，這處異文（無論原稿是否有 σ ）明顯是故意的替換，因爲從上下文裏沒有任何跡象可以證明抄寫員是基於聽覺或視覺的問題而導致這錯誤。這字母 σ 的存在與否直接影響該字的時態，而時態的轉變又會導致文義的轉移：現在時態的 **πιστεύητε** （ *pisteuēte*；你們可以繼續相信； you may continue to believe ），意味讀者要保持其信念，換言之，讀者已是信徒，而作者只是要堅固其信仰；但若改爲過去不定時時態的 **πιστεύσητε** （ *pisteusēte*；你們可以信； you may believe ），讀者就是未信的人。若考慮到外證方面，過去不定時時態（ **πιστεύ[σ]ητε** ）擁有不同文類證據支持：亞歷山太經文類型的 **א**[2]（較後期抄寫員的語句）、 C 和 L ，西方型的 D ，拜占庭型的 A 、 W 和大部分小草體抄本，似乎佔優，但對於支持現在時態的𝔓[66]（不清楚）、**א***（原來 **א** 的語句）和 B 抄本，仍是不容易解釋的。至於內證方面的考慮，同樣沒有決定性的證據：首先，在約翰福音十九章 35 節中，可找到另一個相類的異文（ **πιστεύ[σ]ητε** ），與本節同樣含糊不定。此外，約翰福音中往往出現一些經文（如一 38 、 42 ，四 9 ），對猶太人的常識加以闡釋，這就意味當時的讀者對猶太背景並非很熟悉，不過，這仍是不足以證明讀者就是未信的群體。至於另一個對「讀者是未信的人」這論點（即 **πιστεύσητε** 這語句）較爲有力的證明是關乎主題上的平行，在約翰福音序言中的一章 12 節： **τοῖς πιστεύουσιν εἰς τὸ ὄνομα αὐτοῦ**（ *tois pisteuousin eis to onoma autou*；信祂名的人； who believed in His name ），這裏所用的現在分詞，與二十章 31 節 **πιστεύοντες**（ *pisteuontes*；信的人）有一定的出入：後者可以是包括新信徒或持守這信仰的人，但前者的上下文，似乎較明顯是指未信的群體。此外，第 31 節的 **ἐστιν ὁ χριστὸς ὁ υἱός**（ *estin ho christos ho huios*；是基督，兒子； is the Christ, the Son ），按語法作者是介紹耶穌這人物（當然，這亦可了解爲宣認〔 confession 〕），似乎更配合「讀者爲未信的人」這方面的結論。

綜觀兩方的外證和內證，雖仍難下定論，但過去不定時時態的語句，似乎與約翰福音全書的信息脈胳更爲吻合。

第七章
二十世紀的新約經文鑑別學

本章旨在更詳細地勾畫新約經文鑑別學在二十世紀的發展情況，尤其是在韋斯科特和霍特之後的發展，因此他們會經常被提及，以資比較。在韋氏、霍氏以前的新約經文鑑別學歷史，大抵可以以《公認經文》的受重視和淘汰爲重心；而在他們以後（一直到今天），整個學術環境顯然比以前複雜得多。究其原因：第一，資料豐富。不論是直接與希臘文經文有關的證據（如古卷的出版等），或是學術界的專刊和論文集，都比以前的世代充裕。從某方面來說，現今所能獲得的龐大數量的資料，確實令整個局面較以前混雜。第二，心理上的矛盾。學者顯然不知道韋氏、霍氏在現今學術研究之中所當佔的位置，或該扮演的角式。科爾韋爾（ Colwell ）曾於 1947 年撰文一篇，題爲 " Genealogical Method: its achievements and its limitations " [52]，目的正是批評韋氏、霍氏在理論上的弱點和錯誤，指出他們企圖重建一個人造文本（即由他們自己編造的文本）的譜系，而不是重建一個抄本的譜系；在最後的結論他點出批評的矛盾：「我們需要新的理論和方

[52] E.C. Colwell, *Studies in the Methodology in Textual Criticism of the New Testament* (NTTS IX), Leiden: E.J. Brill/Grand Rapids, MI: Eerdmans, 1969; ch.5.

法……矛盾的是，我們對舊的方法和理論的認識導致我們太過擅長於隨舊，而仍未學曉如何創新。」[53] ── 這越半個世紀前所說的一番話到今天還有其適切性！倘若本章的讀者能夠從本文中領略這個複雜的情況（單是這點，我在選材方面就非要大刀闊斧不可），而從中可以對這門學問略知一二，本章的目的也可算是達到了。

下文分兩大部分：首先，我們會概述一些在本世紀才面世的資料；其次，亦是較重要的部分，我們會探討經文鑑別理論的發展。本章材料主要參考下列重要著作：庫爾特．亞蘭和巴巴拉．亞蘭的 *The Text of the New Testament*（第二版， 1989）、梅茨格的 *The Text of the New Testament: Its Transmission, Corruption, and Restoration*（第二版， 1992），和伯索爾在 " Recent History of New Testament Textual Criticism (from Westcott and Hort, 1881, to the present)" 一文中非常出色的概略和分析。由於本章不是要訓練讀者實際參與經文鑑別的工作和在理論上的研究，故此筆者只選取部分有關的著作（全部經筆者查證），這些著作不會出現於參考書目內。

7.1. 新發現的新約古卷和重要的評註版

二十世紀的一項重大轉變，是新抄本和新經文證據的出現。現今學者進行研究，主要借助攝影摹本的幫助。很多攝影摹本實際上與原抄本一樣大小，用來就如拿著原抄本一樣，甚至更爲方便。由於這些攝影摹本相當普及，原抄本反而成爲供遊客參觀的珍藏，而不是供學者研究的檔案。反觀韋斯科特和霍特時期，經文的核對與整理往往是

---

[53] 同上註，頁 83 。原文如下："A new theory and method is needed .... Our dilemma seems to be that we know too much to believe the old; we do not yet know enough to create the new."

整個研究過程之中，最勞心勞力的部分，有時候研究人員甚至要遠赴千里，到別的國家和圖書館查證以及收集資料（那時的圖書館還未設有館際借閱服務呢！）。庫爾特．亞蘭於 1958 年在德國威斯特法倫的明斯特（ Münster/Westfalen ）建立的「新約聖經文本研究所」（ Institut für Neutestamentliche Textforschung ），經費主要由聯合聖經公會、德國聖經公會和幾間主要的出版社資助。研究中心聲稱藏有所有希臘文抄本和其他抄本的攝影摹本；自此，學者只須到該中心，便可進行研究。

下文引述的新發現和新出版，包括教父的評註版（ critical edition ），均按照它們在第四章出現的先後次序排列。在討論沂古卷的現況最好的參考可見於**巴特．D．埃爾曼**（ Bart D. Ehrman ）和**邁克爾．W．霍姆斯**（ Michael W. Holmes ）的 *The Text of the New Testament in Contemporary Research: Essays on the Status Quaestionis*（ 1995 ）的首三部分（共十四課）。

7.1.1. 蒲草紙抄本

蒲草紙抄本是今天一主要的經文證據，但在 1881 年[54]，即韋斯科特和霍特的兩冊巨著面世的時期，這類經文證據還是聞所未聞。自十九世紀末起，隨著俄西林古（ Oxyrhynchus ）和鄰近發雍（ Fayyum ）地區發現的蒲草紙及其刊印，有關聖經經文的蒲草紙數量開始增加。然而，由於大部分當時發現的蒲草紙，對於早經考證的經文只能提供貧乏的支持，故此它們僅被視爲韋氏、霍氏理論的佐證；它們對於經文鑑別理論的潛在影響，在那時候還未得到發揮。在

[54] 根據伯德薩爾（ Birdshall ；頁 106 ），替申多夫在他著名希臘文新約聖經的「第八增訂評註版」（ *Octava* ）裏曾記載一份現今通稱爲 $\mathfrak{P}^{11}$ 的蒲草紙本。

替申多夫的《第八增訂評註版》負責緒論部分的 C．R．格雷戈里（C.R. Gregory），是首位採用不同的符號來標明蒲草紙抄本的人，這符號表刊印於 *Textkritik des Neuen Testaments*（1909）[55]一書的第三冊；我們現今（在 *UBSGNT* 和 *NA*）的系統基本上也是源自格雷戈里的系統。在 1933 和 1941 年，著名的古文書學家和蒲草紙學家肯揚爵士（Sir Frederic Kenyon），出版了兩份有關《貝蒂蒲草紙集》（*Chester Beatty Papyri*）的重要刊物。除了八份舊約聖經蒲草紙和少數非正典文獻的蒲草紙之外，有關新約聖經的三份蒲草紙分別是 𝔓45，𝔓46 和 𝔓46（見 4.1）。在這兩份刊物先後出版之間（即在 1935 年），現存新約最早期的蒲草紙 𝔓52，由 C．H．羅伯茨（C.H. Roberts）編輯出版，又被稱《約翰雷蘭蒲草紙片斷》（*John Rylands Fragment*）。第二次世界大戰以後，另一重要出版──《伯默蒲草紙集》（*Bodmer Collection*）亦相繼面世，由 E．特納爵士（Sir E. Turner）出版。到目前爲止，一共記錄了 96 份蒲草紙，還有一些較小的蒲草紙片斷尚未出版。在明斯特的「新約聖經文本研究所」，一項出版企劃已經開展，就是將蒲草紙抄本的內文作大綱式的介紹，其中已經出版的包括大公書信（1986）和羅馬書，以及哥林多前書和後書（1989）。這項出版企劃標示著我們將更容易獲得資料，這是研究希臘文新約經文的學者不可多得的材料。

7.1.2. 大楷體抄本

至 1976 年爲止，現存的大楷體抄本數目，已經由替申多夫的《第八增訂評註版》中所列舉的 88 份增至 274 份。大部分近期發現的大楷體抄本，都只是些小片的經文片斷，特別是那些編碼較大的抄

---

[55] 共三冊 (1900, 1902, 1909), Leipzig.

本。在它們刊印於蒲草紙學的專刊，或收編於圖書館的目錄中時，往往先經過編輯的工夫（因爲它們的內文多有脫漏），並且附有照片插圖。可是在韋氏、霍氏時期，重要的抄本如《梵諦岡抄本》（ *Codex Vaticanus* ）等，是很難獲取的。這些抄本的攝影摹本，最早要到 1889 至 1890 年間才獲複製，其後在 1904 至 1907 年也再次在米蘭複製。有兩份大楷體抄本值得在此一提，它們分別是**《費瑞抄本》**（ *Freer Codex* ）和**《科立得提抄本》**（ *Koridethi Codex* ）。這兩份抄本在韋氏、霍氏時期尚未被人發現，但它們對於後期新約經文的研究，非常重要。《費瑞抄本》（ 032 或 W ，今人定爲第五世紀的抄本）首先出現於 1906 年（首次刊印出版則是 1912 年），其後逐漸成爲眾所周知的抄本，它不但記載了「馬可福音較長的結尾」，還記錄了一段稱爲「費瑞語錄」（ Freer Logion ）的言論，即門徒與復活的主的一段對話，內容涉及撒但的統治和末世（見 *UBSGNT* 中馬可福音十六章 15 節）。《科立得提抄本》（ 038 或 Θ ，今人定爲第九世紀的抄本）於 1853 年被發現，但直至 1901 年才爲公眾所識（索登於 1902 或 1903 年首度將它校勘）。後期對這兩份抄本的研究，顯示大楷體抄本（包括如《科立得提》這樣一份後期的抄本）所特有的「混雜」經文，其實源自早期，而不是後期混雜其他文本的產物。

7.1.3. 小草體抄本

韋氏和霍氏並不重視小草體抄本，原因是這類抄本的日期較大楷體抄本爲晚，而根據他們的理論，晚期抄本並不及早期抄本可靠。然而，在本世紀初，有不少學者開始認真研究一組小草體抄本，這組抄本一般稱爲**法勒家系**（ Ferrar Group ）或家系 13 （ Family 13 ）抄本，包括抄本 13 、 69 、 124 和 346 ，後來還加上抄本 28 。這項研究由 W · H · **法勒**（ W.H. Ferrar ，這家系亦以他命名）和 T · K · **阿**

博特（ T.K. Abbot ）所倡導，後來還加上 J· **倫德爾 ·哈里斯**（ J. Rendel Harris ）和**柯索普 · 萊克**（ Kirsopp Lake ）。雖然學者對小草體抄本的研究興趣漸濃，但由於第一次世界大戰爆發，以及第二次世界大戰之前慘淡的經濟和動盪的社會環境，大部分研究被迫停頓下來。另一個促使小草體抄本研究停滯不前的實際原因，是由於柏林的索登所展開的龐大希臘文新約聖經研究企劃；這個企劃能夠展開，主要是得到一位富有的德國女士**埃莉斯 · 柯尼希**（ Elise König ）經濟上的支持。就人力而言，索登聘用了最少四十五位受過高度訓練的助手，專責校勘和整理所有已知的新約經文抄本（尤其是小草體抄本）；他們之中，有些人甚至要踏足多個前人所未曾到過的近東國家，以進行研究。普遍人都認爲，在這個企劃的成果公布之前，一般人投身於細緻的研究工作，是不設實際的事。索登自 1896 年起開始是項研究，一直工作了十六年，方才完成，而他的四冊巨著（ *Die Schriften des Neuen Testaments in ihrer ältesten erreichbaren Textgestalt hergestellt auf Grund ihrer Textgeschichte* ），亦分別於 1902 至 1913 年間刊印出版。無論如何，兩次世界大戰結果把經文研究的舞台，從英國和歐洲大陸搬到美國去；萊克於 1914 年移民美國，在哈佛大學任教，繼續他這方面的研究。

7.1.4. 經課集

在所有有關希臘文新約經文的證據中，最爲人忽視的要算是經課集。由於方法上的問題，經課集到最近五十年才被普遍引用。所謂方法上的問題，其實源自經課集的編排。驟眼看來，經課集的編排頗爲複雜，甚至毫無理據可言。不過，倘若我們細心觀察，就會看出它的結構，包括兩種編排方式：「節期用」（ menologion ）經課集，輯錄教會節期所用的經課，這些節期記在教會月表中；「常年期用」

（ synaxarion ）經課集，輯錄教會常年用的經課，教會年根據每年的復活節而在日期方面有些「浮動」。再者，在常年期用的經課集裏，經文（以福音書爲例）並非在一個星期內順序讀出的；經課集裏並且編排了三個不同的系列，分別是星期日、星期六，和週日的經課。在經課集的演變過程中，首兩個系列似乎最先給定型下來，繼而才是週日的系列。科爾韋爾（於 1932 年）[56]是首位發現上述經課集的結構，並想出一種研究方案的學者；他也開始了寫作一套名爲 *Studies in the Lectionary Text of the Greek New Testament* 的叢書。

7.1.5. 古代譯本

在重整經文歷史的過程中，古代譯本的價值，與蒲草紙抄本和大楷體抄本的價值，不相伯仲，因爲古譯本往往反映出一種與現存抄本不同的經文傳統。根據韋斯科特和霍特的理論，古譯本主要分三類：拉丁文、敘利亞文和科普替文（韋氏、霍氏稱爲「埃及文」）；另外還提及一些較不重要的譯本（稱爲“ outlying versions ”）。由這些譯本引申出來的評註版譯本（即附有各類供研究用的資料的譯本），陸續面世。

1592 年出版的《革利免武加大譯本》（ *Clementine Vulgate* ，在 *UBSGNT* 中以 vg^{cl} 標示），一向以來都是羅馬天主教會的標準聖經譯本，亦逐漸被其他評註版譯本所取代。羅馬天主教會體系繁複，一件工作由開始至完成，往往費時甚久，從西曼乃斯（ Ximenes ）所編制的《康普路屯多語文聖經》（ *Complutensian Polyglot* ）的出版則可見一斑，因此首套取代《革利免武加大譯本》的作品，是由新教學者編成，實在不足爲怪。這套出自新教學者之手的譯本，其編輯工作

---

56 *Studies in the Lectionary Text of the Greek New Testament*, Volume 1, Chicago, IL: University of Chicago, 1933.

由牛津學者**約翰・華茲華斯**（John Wordsworth）所領導，首冊福音書於 1889 年出版，剛巧比韋斯科特和霍特的著作早一點面世。然而由於編輯們相繼離世，出版工作受到阻延，因此整套新約聖經（以 vgww 標示）要到 1954 年才完竣[57]。天主教方面，羅馬聖安瑟倫（St. Anselm）的本篤會（Benedictines）修士，也著手編著一套新的《武加大譯本》的評註版本；這項編制工作，由教宗庇護十世（Pope Pius X）於 1907 年頒下諭令開始，到 1926 年首冊創世記才面世。自此，舊約的編制工作持續進行。時至今日，上述兩套譯本已差不多完全被 1969 年出版的最新《武加大評註版譯本》（以 vgst 標示）所取代。這套譯本的編輯委員會由不同宗派人士組成，各成員均致力於有關方面的專門研究，而擔任總編輯一職的，則爲**羅伯茨・韋伯神父**（Father Robert Weber）[58]。另外，有關《古拉丁文譯本》的研究工作，亦同時展開。在這方面，最重要的成果大概是「古拉丁學院」（Vetus Latina Institut）的建立。這所學院在第二次世界大戰之後落成，位於法國標倫（Beuron），由**博尼費修斯・費希爾神父**（Father Bonifatius Fischer）領導，同時進行對舊約和新約聖經的研究，成果由 1949 年起開始刊印出版。《古拉丁文譯本》的研究和出版，對學者研究教父的著作，裨益甚大。

至於《敘利亞文譯本》方面的研究，就福音書而論，在過去一百年間可算有突破性的進展。在西乃山的聖凱瑟琳修院（St. Catherine's Monastery）發現的一系列重寫本（palimpsest），清楚顯

---

[57] *Novum Testamentum Latine recensuerunt*. I. Wordsworth and H.I. White, eds.. Part one: the Four Gospels, Oxford, 1898; part two: Pauline Epistles, 1941; part three: Acts of the Apostles, General Epistles, and Revelation, 1954.

[58] *Biblia sacra iuxta vulgatam versionem*. 由以下人士協力編著： Bonfiatio Fisher OSB, Iohanne Gribomont OSB, H.E.D. Sparts, W. Thiele, Robertus Weber OSB（總編輯），共兩冊， Stuttgart, 1969.

示曾經有古敘利亞文福音書譯本的存在，這正和優西比烏（Eusebius）在他的「教會歷史」（Ecclesiastical History）中所提及他提安（Tatian）的《四福音協調本》（*Diatessaron*，約主後 172 年）非常吻合。這《協調本》的目的不是把四本福音書並列出來，而是把四本融合成一本。很明顯，他提安在編制這《協調本》時，是採用當時盛行的希臘文文本，因此重建這《協調本》會有助了解第二世紀的文本。《協調本》的原稿顯然是已失去，而我們亦只可以從一些後期的釋經書的引用中，得知它的內容。在這方面最重要的文獻是《敘利亞以法蓮的註釋本》（Ephraem Syrus，374 年卒）對《協調本》的註釋；*UBSGNT* 用 Diatessaron 一字爲代號，而後加的 syr 和 arm 則分別代表敘利亞文（Diatessaron^{syr}）和亞美尼亞文（Diatessaron^{arm}）的版本；前者是較早的證據，估計年期爲主後 462 年。引用《四福音協調本》是 *UBSGNT* 第四版的特色之一，但卻很少用於 *NA* 第二十七版裏。

總的來說，我們對古代譯本的認識，在這些年間確實增長不少；然而在出版方面，則並非等量齊觀。至於希臘文抄本的研究工作，一向以來大多隨學術潮流的帶動，不論是語文還是神學方面的潮流，故此要做的工夫還多著。聖經語文研究素來集中在西方文化國家，因此拉丁文獻的研究，發展相當健全。明斯特的「新約聖經文本研究所」現正爲它最後的巨著努力，就是出版敘利亞文的大公書信，和將科普替文的抄本編目。他們的努力正好塡補了部分對古代譯本研究的不足之處。

7.1.6. 教父著作

教父著作在本世紀也有重大的發現。在埃及都拉（Toura）的一處古代石礦，也是英軍用來貯物的地方，埋藏著一些非常重要的教父著作，包括俄利根的兩份抄本、四世紀的亞歷山太教師荻地模（Didymus the Blind）的五份抄本，和一位佚名作者所寫的詩篇和約翰福音的註釋片斷。這些新發現大多前所未見，或只在繙譯作品中被提及。尤其重要的是，當我們進行經文鑑別的工夫時，教父著作中的經文引文可以爲我們提供資料。在韋斯科特和霍特時期，只有少許但相當不錯的評註版本可資利用，就是由 1866 年開始發行的維也納叢書，《拉丁教父著作叢書》（*Corpus scriptorum ecclesiasticorum latinorum*），和萊特富特（Lightfoot）的五冊《使徒教父》（*Apostolic Fathers*，只在 1891 年發行）。到了今天，我們有更多參考資料，甚至有一些是由國家或學術機構發行的。例如由 1891 年開始印行《一至三世紀希臘教父著作叢書》（*Die griechischen christlichen Schriftsteller der ersten drei Jahrhunderte*），以及比利時著名的《基督教經典叢書》（*Corpus christianorum*），後一套叢書由 1953 年起開始出版拉丁文本，而由 1977 年起則開始出版希臘文本。一項將教父著作裏的經文引文編索引的工作，也於 1975 年展開，範圍包括教父直接引用或間接提到的經文，索引於法國斯特拉斯堡（Strasbourg）刊印出版[59]。這份索引提供了著名的早期教父解釋經文的資料，對於新約釋經學者非常重要。

7.2. 經文鑑別理論的發展

筆者在第五章已略討論有關新約經文鑑別學的歷史，但近代的討論，卻很少提及。因此，這部分的主要目的是討論有關過去幾十年經文鑑別的理論。我們將介紹一些重要的人物、理論和企劃，這些都足以代表本世紀新約經文鑑別學的重大發展。我們就由韋斯科特

---

[59] *Biblia Patristica. Index des citations et allusions bibliques dans la littérature patristique*。四冊及補編，Paris: CNRS, 1975~1987.

和霍特開始，他們向來都是各種理論發展的核心人物。

7.2.1.韋斯科特和霍特的理論（Westcott-Hort Theory）及其影響

根據韋氏、霍氏在他們名著 *Introduction to the New Testament in the Original Greek* 第二冊的 " The Methods of Textual Criticism " 的說明，我們可以肯定的說，他們的工作程序乃是從內證入手，即按照霍氏[60]對經文本身以及其抄傳的可能性的處理方法；然後，再將新發現的文本與其他已知的文本並置對比；最後他們得到結論，指出《梵諦岡抄本》（ *Codex Vaticanus* ）的優越性。《梵諦岡抄本》與《西乃抄本》合稱爲「中立經文類型」（ Neutral text-type ）。與中立經文類型有關的是「亞歷山太經文類型」（ Alexandrian text-type ），主要包括《亞歷山太抄本》（ Codex Alexandrianus ）、幾份希臘文抄本和科普替文證據。第三種經文類型是「敘利亞經文類型」（ Syrian text-type ），包括大量後期抄本和《別西大敘利亞文譯本》（ Peshitta Syriac ）；這經文類型自屈梭多模（ John Chrysostom ）時期（四世紀末）已爲人認識，然而在此之前則並無任何證據顯示這經文類型的存在。再而是「西方經文類型」（ Western text-type ），包括《伯撒抄本》（ *Codex Bezae* ，這是一份希臘文和拉丁文的雙語抄本）、《古拉丁文譯本》和《古敘利亞文譯本》。按內證的研究（主要是比較《梵諦岡抄本》），「西方經文類型」是較次等的經文，因爲內中有很多意譯、增補和修改，這些都是次經和非正典作品的特色；經文還有經過互相協調的跡象，其中協調化（ harmonization ）是最危險的一種手法。由於《伯撒抄本》比《梵諦岡抄本》和《西乃

---

60 因爲韋氏和霍氏的理論基礎源於霍氏，所以後世的學者常以「霍氏的理論」（ Hortian Theory ）爲簡稱。

抄本》還要遲，我們會已爲大多數早期的教父所引用的經文應該是較接近《梵諦岡抄本》和《西乃抄本》（即「中立經文類型」的主要代表）。可是，在研究教父著作的時候，韋氏、霍氏發現在第三世紀，除了俄利根和亞歷山太的革利免一般引用中立經文類型外，其他早期教父如殉道者游斯丁（ Justin Martyr ）、愛任紐、特土良，和居普良（ Cyprian ），大都引用「西方經文類型」，這個結果與他們的想法大異其趣。教父大多引用「西方經文類型」，而放棄較準確的「中立系經文」，促使韋氏、霍氏要重新擬定經文訛誤的歷史。如前文所述（ 6.2.2.），由於他們對兩份「中立經文類型」抄本的偏好，當他們看到路加福音的「西方經文類型」經文，要較「中立經文類型」經文爲短時，他們便杜撰了「缺少西方經文類型滲混特徵」（ Western non-interpolations ）這個拙劣的詞組（不過，這顯然在邏輯上與他們的理論吻合）。然而，在有限資料來源的情況下，韋氏、霍氏對經文的重建，已經是相當出色的了。

韋斯科特和霍特重建經文的方法，是一種**譜系研究法**（ genealogical method ）。從某方面來看，他們對經文歷史的興趣，要比對重建原來經文的興趣爲大！這種心理引致他們的研究出現邏輯上的錯誤，因爲他們追查的，是他們自己所重建的經文譜系，而不是所有古卷的譜系。我們也許可以這樣說，他們走歪了路，似乎是因爲過分倚賴三份抄本所致，這三份抄本分別是《梵諦岡抄本》、《西乃抄本》和《伯撒抄本》，前兩份給引用來重建「中立經文類型」經文，第三份則被引用來重建「西方經文類型」經文。

直至今天，學者們亦一致承認《梵諦岡抄本》和《西乃抄本》的特徵，但對「西方經文類型」經文（包括「缺少西方經文類型滲混特徵」的經文）的特徵則仍然存疑。另一方面，《伯撒抄本》也需要更進一步的研究，才能揭示經文訛誤的歷史情況。霍特的一位接班人

J．倫德爾．哈里斯（J. Rendel Harris），出版了一本有關《伯撒抄本》的重要專論[61]。因為《伯撒抄本》是包括希臘文與拉丁文的雙語抄本，他試圖表明抄本內一些希臘經文的獨特之處，其實是受到另一面的拉丁經文所影響。這樣，他提出了一種有關經文訛誤的新觀念，就是在雙語抄本中，希臘經文會因其他譯本的影響而出現訛誤。1966年，**埃爾登．J．埃普**（Eldon J. Epp）出版他的研究結果[62]，指出西方經文類型的經文，尤其是《伯撒抄本》的經文（也有其他抄本的經文），顯示一種徹頭徹尾的反猶太教傾向（anti-Semitism），這種傾向足以解釋該抄本大部分異文的存在；他的主張甚具說服力。也有其他學者致力研究《敘利亞文譯本》對《伯撒抄本》的影響，學者們的興趣因而轉移到《古敘利亞文譯本》身上，並且重新整理《四福音協調本》。

7.2.2. 索登的 I-H-K 經文類型

我們在上文已提過索登（參 5.4，尤其在 7.1.3），本段將集中討論他的經文重建理論。索登大概是首個特別注意小草體抄本的經文鑑別學者。當他研究有關淫婦的一段記載時（約七 53~八 11），他發現所有抄本證據（大部分是小草體抄本）均屬後期經文類型，他稱這類經文為「通俗希臘語經文類型」（Koine text-type，即韋斯科特和霍特的「敘利亞經文類型」）；他同時發現，所有大楷體抄本（《伯撒抄本》除外）和古代譯本均無這段記載。然後，他從耶柔米（Jerome）的作品中讀到有關不同人物如**路迦諾**（Lucian）和**赫西**

---

61 *Codex Bezae. A Study of the so-called Western Text of the New Testament* (TaS II.1), Cambridge, 1891.

62 這是埃普在 1961 年哈佛大學所寫的博士論文的修訂本，題為 *The Theological Tendency of Codex Bezae Cantabrigiensis in Acts*, MSSNTS 3, Cambridge: Cambridge University Press, 1966。

糾（ Hesychius ）（其實耶柔米只約略提及他們兩人）的經文鑑別工作。最後他提出結論，主張共有三種修訂本，包括「通俗希臘語經文類型」（所謂 Koine 或簡稱 K ）、「赫西糾經文類型」（所謂 Hesychius text-type 或簡稱 H ），和「耶路撒冷經文類型」（所謂 Ierosoluma text-type 或簡稱 I ）。 K 經文類型主要出現於小草體抄本，由安提阿的路迦諾（死於殉道）修訂而成； H 經文類型主要是埃及的類型，出現於很多大楷體抄本和埃及教父的著作，由赫西糾修訂而成； I 經文類型主要出現於《伯撒抄本》和其他抄本，其中很多合併的抄寫方法（ conflation ），大概是經俄利根修訂的後果。《伯撒抄本》的經文特色，部分源於編輯的工夫，部分則源於拉丁文和敘利亞文譯本的影響。索登認爲，如果我們能夠想出一種重建經文的方案，我們就能找出修訂前爲早期教父所認識的經文類型，而按照他的說法，就是找出 I-H-K 經文類型。因此，他想出了三項主要的尺度標準：

1. 刪除受平行經文影響的異文；
2. 當前述標準不足夠時，則在福音書中刪除與馬太福音（這是早期教會最受偏愛的福音書）一致的異文；
3. 當上述兩項標準均不能達到時，接納三本修訂本之中兩本所共用的異文。

這稱爲 I-H-K 的經文類型，與尼西亞會議之前的教父所引用的經文相同，惟一的例外是俄利根。對此，索登解釋說，俄利根其實認識這些經文類型，也曾引用它們，不過有些時候，俄利根引用聖經的方式會較自由，更會把平行經文合併使用。這同時解釋了《伯撒抄本》和「法勒家系抄本」（ Ferrar Groups 或家系 13 抄本，見 7.1.3 ）中那些異文的存在，這均是經俄利根修訂的後果。索登大概是最先指出俄利根的經文引文包含兩種經文類型的學者，而其中所反映出的合併語句（ conflated reading ），後來給稱爲「該撒利亞經文類型」（ Caesarean text-type ）。

索登一直按照他所定的方案工作；而在經濟方面，他得到差不多無限量的支持；他漸漸積累了相當豐富的資料。事實上，有些人認爲，他所積累的經文證據，比起替申多夫在《第八增訂評註版》中所提供的，有過之而無不及[63]。然而，由於索登的分類系統與格雷戈里所採用的任何一種系統都截然不同，所以他究竟發現了多少前所未有的抄本，是很難估計的，尤其是那些收藏在近東的修院和圖書館中的抄本數目。索登的理論要求相當程度的猜想和假設；而他後期所陳述的資料，與他早期的結論也互相矛盾，並且無任何合理的解釋。有人認爲這些混淆的起因，是他那套異乎慣常採用的符號系統，這套符號甚至連他自己也給搞糊塗。索登的努力是「可悲的失敗」，套用著名學者柯索普．萊克（ Kirsopp Lake ）的話來說：「從來沒有多少書本令人更爲失望。」[64]

7.2.3. 地方性經文類型理論（ Local Texts Theory ）

前文提到，由於韋斯科特和霍特對兩份抄本（《梵諦岡抄本》和《西乃抄本》）的偏好，他們所建立的譜系，是他們自己所重建的經文（即該兩份抄本所顯示的經文類型）的譜系，而不是各份經文類型的譜系。隨著新抄本的發現，學者開始質疑韋氏、霍氏的主張。兩

---

[63] 弗雷德里克．威斯（ Frederik Wisse ）是少數仔細研究索登著作的其中一位學者，他曾寫道：「索登搜集和確立了相當多的抄本系列，他的成就是輝煌的。」（ *The Profile Method for Classifying and Evaluating Manuscript Evidence applied to the continuous Greek text of the Gospel of Luke* 〔 Studies and Documents 44 〕 Grand Rapids, MI: Eerdmans, 1982.）

[64] *The Text of the New Testament*. Sixth Edition revised by Silva New (later, Silva Lake), Oxford, 1928.

位哈佛的學者**柯索普‧萊克**和**羅伯茨‧P‧布萊克**（Robert P. Blake）[65]，以及牛津的學者 B‧H‧**斯特理特**（B.H. Streeter）[66]，提出另一種經文類型，有別於韋氏、霍氏系統內的任何一類。根據學者對小草體抄本家系（包括法勒家系）的研究，他們發現有一家系的抄本，內中有部分顯示霍特所說的「中立經文類型」；有部分則顯示《古拉丁文譯本》和《古敘利亞文譯本》，或是其中一個譯本的經文類型；也有部分顯示更早期經文類型；不過卻沒有任何部分與「敘利亞經文類型」相似。學者對《科立得提抄本》（見 7.1.2）的研究，也顯示類似的結果。因此有學者推測，那些所謂「混雜」的經文，其實早期已有，而不是後期偶然混雜其他經文的產物。學者繼而研究教父俄利根的著作（俄利根是這個理論的中心人物），發現他的作品顯示多種經文類型（這點已爲索登察覺到，見 7.2.2）。對此，斯特理特指出，這與俄利根（從亞歷山太）移居該撒利亞有關；不過，萊克和布萊克並不同意斯氏的看法。斯氏進一步立論，說俄利根從移居之日開始，即採用爲《科立得提抄本》和一些小草體抄本所印證的「前該撒利亞經文類型」（pre-Caesaren text-type）。這樣，早期基督教世界充斥著各色各樣的經文類型——亞歷山太、該撒利亞、拜占庭，還有一些只有譯本爲證而沒有抄本爲證的經文類型系統。在他的理論背後，斯氏其實試圖從經文歷史的角度，來解答符類福音的問題，特別是解釋爲何一些經文出現於馬太和路加福音，而作爲資料來源的馬可福音卻沒有這個現象。在這一點上，斯氏其實是借用了 F‧

[65] K. Lake and R.P. Blake, "The Text of the Gospels and the Koridethi Codex," *Harvard Theological Review* 16 (1923), pp.267~286 ；以及 "The Caesarean Text of the Gospel of Mark," 21 (1928), pp.207~404.

[66] *The Four Gospels : A study of origins, treating of the manuscript tradition, sources, authorship and dates*, New York, NY: Macmillan, 1924.

C· **伯基特**（F.C. Burkitt）[67]的見解。斯氏甚至提出，很多馬太和路加共有而馬可沒有的經文，其實是經文經過互相協調的後果；換句話說，馬太和路加經文的吻合，正好反映經文的流傳訛誤。因此，我們若採用抄本中的異文，就會自然除去經文表面上一致的現象。

我們在本段集中談論斯特理特，主要是因爲他闡述了經文歷史與符類福音問題的關係；但其實他的理論在當時已經受到批評。伯基特在他的評論文章[68]，就曾質疑斯氏所提出的一類合併經文是否真實存在。在另一處，他也說：「從某些角度來看，重建原來經文，比提出這些甚麼『中立經文類型』或『該撒利亞經文類型』等包含部分訛誤經文的妥協方案，更爲容易。」[69]大約十年之後，原本提倡這個理論的**席爾瓦 · 萊克**和**柯索普 · 萊克**（Silva and Kirsopp Lake），也承認「該撒利亞經文類型」的命名「過於草率」[70]。稍後，由於學者發現《貝蒂蒲草紙集》（*Chester Beatty Papyri*，尤其是第三紀的 𝔓45），與《科立得提抄本》和「法勒家系抄本」等標準抄本，顯示出相仿的經文類型，因此便出現「前該撒利亞經文類型」（pre-Caesarean text-type）的說法。近年，**拉里 · 赫塔道**（Larry Hurtado）仔細研究這個理論，並且在 1981 年發表了他著名的 *Text-Critical Methodology and the Pre-Caesarean Text: Codex W in the*

---

67 *The Gospel History and its Transmission*, (third edition) Edinburgh, 1911.

68 "Review on the Four Gospels," *Journal of Theological Studies* 26 (1924/25), pp.278~294.

69 "The Chester Beatty Papyri," *Journal of Theological Studies* 34 (1933), pp.363~368; p.367.

70 "The Byzantine Text of the Gospels," in *Cinquantenaire de l'École biblique et archéologique française de Jérusalem (15 novembre 1890~15 novembre 1940)*, pp.251~258, Mémorial Lagrange, Paris, 1940; p.255.

Gospel of Mark[71]一書。今天，新約經文鑑別學者大都同意，「該撒利亞系經文類型」最少包含兩種經文類型。

整個理論背後所牽涉的，其實是資料與詮釋之間的區別。相同的異文出現於不同的抄本，它們之間表面上的關係，只是些抽象的概念；正如伯德薩爾所說：「傳遞資料的抄本……才是客觀的實體」（頁 152）。可是，我們卻把一些虛構的概念，例如「前該撒利亞經文類型」等，錯誤地等同於那些具體存在的抄本，例如《科立得提抄本》或任何一份屬於「法勒家系」的小草體抄本。這種專門用語上的混淆，在整個經文鑑別學的範疇相當普遍，它反映了我們在理論層面上的混淆不清。在一定程度上，我們是太慣於採用亞歷山太經文類型或西方經文類型等字眼，但其實當我們進行經文研究時，我們的注意力應集中在抄本本身，而不是集中在那些抽象的假設上。

7.2.4. 基要主義者的研究方法

我們在上文（5.4）約略提過，柏根對韋斯科特和霍特的理論的猛烈抨擊。這種以神學立場為出發點的討論，不但在十九世紀有出現，在近代也見有其倡議者，主要是一群美國的非常保守主義者。這批人不能相信，上帝所啓示的聖經，只由很少數量的證據流傳下來，並且一直到最近（即十九、二十世紀）才被學者發現。因此，他們堅持「主流經文類型」（Majority text-type）的理論。這種神學假設是「以人為本的」，它的核心就是人對上帝的啓示方式的期望。**威爾伯·N·皮克林**（Wilbur N. Pickering）大概是近代持這種觀點的學者，他以仿學術的姿態撰文，引來一些頗令人厭煩的評論。他在達拉斯神學院（Dallas Theological Seminary）的神學博士論文，*The*

[71] *Studies and Documents* 43, Grand Rapids, MI: Eerdmans, 1981.

Identity of the New Testament Text（1977）[72] 已經被批評得體無完膚[73]，他基本上是在辯論，而不是學術討論。他的所謂「論據」，大部分是韋斯科特和霍特及其跟從者的摘引，主要目的是表明這些人的著作，內中充滿矛盾和衝突。況且，他的摘引也更有不少斷章取義和曲解所言的毛病。另一個持相同見解的人物是**哈里 · A · 斯特爾斯**（Harry A. Sturz）[74]，他的討論比較合乎邏輯。他提出的理論是，很多「拜占庭文本類型」的經文語句，其實比最早的拜占庭抄本還要早，因此很可能保存了與很多早期語句同樣好或更好的經文。學者一般對他的回應是，我們不應高舉任何一種經文類型，而應強調它們的地理分布。不錯，重新引入有現成抄本爲證的小草體抄本的經文語句，確能提升這些語句的價值，因而被納入於日後的希臘文新約聖經版本中；然而他對經文語句的著重，卻使他的論點流於冗贅。舉例來說，他堅稱拜占庭文本中的路加福音十章 22 節和十二章 23 節，得到亞歷山太的革利免支持。如果我們單看個別經文的語句，亞歷山太的革利免確實在這兩處支持拜占庭文本的語句；可是我們若從大體上來研究革利免的引文，就會發現它們與後文並不一致。事實上，任何經文類型的抄本，都有「可能」顯示早期大楷體抄本的經文語句！

7.2.5. 理性鑑別學（Rational Criticism）

「理性鑑別學」（Rational Criticism）又名「折中法」（Eclecticism），但這與 *UBSGNT* 和 *NA* 中所採用的「折中法」（見

---

[72] 繼而出版， Revised Edition, Nashville, TN: Nelson, 1980.

[73] Gordon Fee, *Bible Translators* 31 (1980), pp.107~118.

[74] *The Byzantine Text-Type and New Testament Textual Criticism*, Nashville, TN: Nelson, 1984.

5.4）是名同實異的。「理性鑑別學」的代表是**基爾帕特里克**和他的門生**埃利奧特**（J.K. Elliott）。**基爾帕特里克**（G.K. Kilpatrick）繼承**伯基特**（Burkitt）「重建原來經文比提出妥協方案更爲容易」的精神，放棄抄本傳統歷史和抄本間關係等概念，單純根據內證，來判斷哪個語句才是原來的經文。這個方法假設原來的經文，是可以在記錄下來的新約經文異文之中找到的；只要該語句與作者的風格相符，就當予以考慮。然而，根據這個理論而得到的結論，有時候是可以完全「非理性」的。例如，當基爾帕特里克[75]討論啓示錄三章 7 節和 14 節時，他發現有希臘文證據顯示 ἀγγέλῳ τῷ ἐν Ἐφέσῳ ἐκκλησίας（*angelō tō en Ephesō ekklēsias*；給以弗所教會的使者；啓二 1）的語句，而在致亞西亞七教會的其他信中（二 1、8、12、18，三 1），τῷ（*tō*）這個定冠詞慣常以 τῆς（*tēs*）的形式出現（留意這個異文只在 *UBSGNT* 的評註內提及），因此基氏認爲，縱使只有少數譯本（亞美尼亞文、敘利亞文，和拉丁文譯本）在這兩節顯示 τῷ 這種語句，我們也當看重。由此可見，就算基氏確曾注意到有關抄本的問題，他仍是以內證爲他判斷的依歸。他在“Eclecticism and Atticism”[76]一文中，提出一種嚴重導致經文訛誤的因素，就是流行於第二世紀希臘語法學家的「古希臘化運動」（Atticism）。這運動的倡導者企圖把文體風格修改，使之符合古希臘語的標準。不少新約聖經的異文，都可以循這運動之下的古希臘文

---

75 評論 J · 施密德教授（Professor J. Schmid）有關啓示錄希臘文經文的討論，*Vigiliae Christianae* 13 (1959), pp.1~13.

76 *Ephemerides Theologicae Lovaniensis* 53 (1977), pp.107~112。還有一篇更早期的文章：“Atticism and the text of the Greek New Testament,” 在 *Neutestamentlich Aufsätze; Festschrift für Josef Schmid zum 70 Geburtstag*, edited by J. Blinzler, O. Kuss, and F. Mussner, Germany: Regensburg, 1963; pp.125~137。

和通俗希臘文的差別來解釋，這些例子在屬這運動的主義者的手冊或字典中也有列舉。在這些情形下，我們會採納通俗希臘文的遣詞造句，而視古希臘文的語式為後期抄寫員的修改。

一些比較採取中庸之道的學者，嘗試結合理性鑑別學和抄本研究。著名的古典語文學者**鍾茨**（ G. Zuntz ）是其中的表表者。他在 *The Text of the Epistles*[77]一書中，一方面使用理性鑑別學，一方面小心研究抄本及其相互關係，以確定它們的重要性。鍾茨從最古舊的保羅書信蒲草紙本 𝔓46 （《貝蒂蒲草紙集》之一份）入手，憑著鑑別經文本身，找出這份蒲草紙及其反映於後期的大楷體抄本、小草體抄本和其他譯本的同類經文中，何處保存了原來的經文，何處呈現經文訛誤。他發現，除開一些零散的訛誤以後，有一類約屬公元一百年的早期經文傳統，頗具學術標準，內中顯示早期的基督教學者，相當認識經文流傳的問題，並且運用他們的語言學知識，將一份上乘的文本保存下來。鍾茨認為，在古代世界中，最可能具備這種語言學水準的地方應是亞歷山太。他的論點雖然只是推測，但也算頭頭是道，兼且得到兩位知名的蒲草紙學家 C · K · **羅伯茨**（ C.H. Roberts ）和 T · C· 斯基特（ T.C. Skeat ）的附和：「第二世紀的基督教抄本……一般都合乎寫作的規格……這看來是出自熟練的抄寫員之手。」[78]

7.2.6.「霍特再生」（ Hort Redivivus ）

E · C · 科爾韋爾（ E.C. Colwell ）在提出他的經文鑑別理論之前，曾做過一些相關的研究，包括研究約翰福音的語文和特色，古文

---

[77] The Text of the Epistles. A Disquisition upon the Corpus Paulinum (The Schweich Lectures of the British Academy, 1946), London: Geoffrey Cumberlege, 1953.

[78] *The Birth of the Codex*, Oxford: Oxford University Press, 1983, p.46.

書學的研究（在這方面，他提出了一種鑑定早期小草體抄本日期的重要方法），和提出一種頗具創見的經課集研究方案，循著這個方案，學者從經課集整理出很多重要資料。他那按發表年份輯成的文章集 *Studies in the Methodology in Textual Criticism of the New Testament*[79]，正好反映了他在經文鑑別理論方面的漫長探索過程。書中一篇早期的文章“ Genealogical Method: its achievements and its limitations ”（ 1947 年發表），主要批評韋斯科特和霍特的譜系研究法；然而到了最後一篇“ Hort Redivivus: A Plea and a Program ”（ 1968 年發表），我們單從標題，已經可以看出他在態度上的轉變。二十年有多的研究和反省，令科氏對這兩位前人的貢獻，更加佩服。他甚至借用他們的兩項原則，來提醒經文鑑別學者：當遇到重建經文上的困難時，切不可忘記經文歷史的重要性。他說：「所有可信的經文重修工序都是建基於對經文歷史的研究」；又說：「在衡量不同經文語句的可靠性之前，必須先認識各種文本」。科氏根據韋氏、霍氏的方法，想出五點經文鑑別的步驟：

1. 首先要仔細閱讀希臘文古卷，然後再讀譯本和教父的經文引文，從中了解抄寫員的書寫習慣，繼而列出所有這些資料來源中的經文訛誤；
2. 找出個別抄寫員和抄本的特色；
3. 把抄本歸類：「家系」（包含可辨認的原型字詞的摹本）、「族系」（包括若干家系）、「次經文類型」（包括族系和一些未能歸入家系的個別抄本）和「經文類型」；
4. 擬定經文流傳的歷史架構。科氏評論說：「新約經文流傳的過程，就是從一個較不受控制的傳統，發展成一個受嚴格控制的傳

[79] (NTTS IX), Leiden, E.J. Brill/Grand Rapids, MI: Eerdmans, 1969.

統的過程」;

5. 衡量不同經文語句的可靠性。

由以上可見,科氏的整個設計側重經文外證。事實上,他對基爾帕特里克(Kilpatrick)及其追隨者的折中法對內證的強烈倚賴,不甚苟同。套用他書中最後的話來說:「在大部分的情況下,外在文獻的證據要比經文本身的證據更受到重視;就是在衡量同樣上乘的經文語句之時,考慮到不同系列的文獻對它們的支持。」(頁 166~167)

倘若我們比較科氏和亞蘭氏夫婦的理論,會發現兩者頗爲相似。他們不約而同地指出,校勘新約經文,必須循序漸進,從一個段落到另一個段落,從一卷書到另一卷書;投身這項工作的人,也必須先從閱讀開始,進而評定不同抄本傳統的價值,然後才能衡量不同經文語句的可靠性,因爲這最後一步必須受限於文獻的證據。然而科氏和亞蘭氏之間,也有兩點顯著的分別:第一,亞蘭氏並沒有興趣重建經文流傳的歷史架構。第二,科氏顯然稱許霍特在理論方面的貢獻;亞蘭氏則似乎對韋斯科特和霍特懷著強烈的對抗態度,並蓄意強調他們與這些過去的學者的分別。

7.2.7. 國際希臘文新約聖經研究企劃 (International Greek New Testament Project)

「國際希臘文新約聖經研究企劃」(以下簡稱「國際企劃」)始於 1926 年,研究目的是核對**所有**經文證據,並且以韋斯科特和霍特的文本爲基礎,出版一本經文異文彙編。在這個企劃的最初階段,德國的代表非常積極投入;可是不久之後,他們便退出了,然後獨自在亞蘭氏的研究中心名下,致力出版他們的《增訂評註版》 *Editio Critica Maior* 。「國際企劃」的總編輯一職,落在缺乏經驗的 S · C ·

E．**萊格**（S.C.E. Legg）身上。萊格在 1935 年和 1940 年，先後出版了馬可福音和馬太福音的初版；然而這兩本書反映出這項工作並非一個人所能承擔。那時候，基爾帕特里克還未冒出頭來，他寫信給科爾韋爾，建議英美學者攜手合作。1952 年，雙方在牛津會面，定下這個企劃的指導方針；而第一個目標，就是以拜占庭經文類型爲藍本，出版路加福音的經文評註。他們這樣決定，純粹是因爲出版經文評註製作較簡單，篇幅也較短少。爲了在評註中提供一列合理的希臘文小草體抄本語句，科爾韋爾和他的學生，包括 F．**威斯**（F. Wisse），根據科氏本人以及 M．M．**帕維斯**（M.M. Parvis）的一份早期研究“Method in locating a newly discovered manuscript within the manuscript tradition of the Greek New Testament”[80]，發展出「卡拉蒙方法」（Claremont Profile Method）[81]。他們注意到，在小草體抄本的證據中，除了一些明確如法勒家系等包含某些單一語句的抄本外，還有一些抄本，它們的特色不是包含某些單一的語句，而是包含一些共有且相當合理的異文。經過不少挫折和編輯的更易，路加福音經文評註的編輯工作，終於由**埃利奧特**（Elliott）完成，下冊亦已於 1987 年出版，並由**斯基特**（Skeat）作序，詳述國際企劃的歷史[82]。計劃中，下一項目標就是出版約翰福音的經文評註。

至於原先於國際希臘文新約聖經研究企劃合作的亞蘭氏的研究中

---

80 In *Studies in the Methodology in Textual Criticism of the New Testament*, pp.26~44.

81 F. Wisse, “The Profile Method for Classifying and Evaluating Manuscript Evidence applied to the continuous Greek text of the Gospel of Luke” *Studies and Documents* 44, Grand Rapids, MI: Eerdmans, 1983.

82 *The New Testament in Greek. The Gospel according to St. Luke*, edited by the American and British Committees of the International Greek New Testament Project, Oxford University Press, Part One, Chapters 1~12, 1984; Part Two, Chapters 13~24, 1987.

心，他們的 *Editio Critica Maior* 第一冊的第一部（雅各書），亦於 1997 年由德國聖經公會出版[83]，預計可能要花二十年多的時日才可以把新約完成。

[83] *Novum Nestamentum Graecum. Editio Critica Maior*. Herausgegeben von Barbara Aland, Kurt Aland, Gerd Mink und Klaus Wachtel. IV. Die Katholischen Brief, Teil 1: Text, Lieferung 1: Der Jakobusbrief. Deutsche Bibelgesellschaft, 1997.

第八章
新約經文鑑別學與聖經權威

正如許多關乎基督教信仰的學科一樣，新約經文鑑別學與我們的信仰的關係牽涉兩個範疇。

第一，學術研究方面。新約經文鑑別學是一門非常用腦力和受多樣專門訓練的學科，它要求學人在聖經語文、古文書學、教會歷史和歷史神學各方面，都要受過非常專門的訓練。筆者認爲經文鑑別學是聖經研究中最複雜和困難的學科之一。雖然沒有多少人可以對這門學科提出實質的貢獻，然而所有從事聖經研究的人，卻必須借助這方面學者的研究成果。第二，信仰實踐方面。聖經是信徒的信仰和生活的依據，而新約經文鑑別學的主旨，是要重建新約聖經的「原來」經文。因此這門學問的成果不只是要充塞學者們的腦袋、或是他們專利的玩意，而是直接影響每一位信徒的讀經生活。筆者相信，新約聖經源於使徒的見證，記錄著主耶穌的說話和事蹟，並其引申出來的教訓，是神學研究的基礎；每一個打開聖經閱讀，細心聆聽它的說話的信徒，生命必然受到影響。

對一般人來說，任何不是出於聖經作者的手筆，而是後期加插的經文，都被視爲並非上帝原來啓示的話。對於保守的福音派信徒，所有不屬於原來經文的增刪，與其說是屬於新約聖經，不如說是屬於教會歷史。倘若要聲稱這些資料源於使徒的見證，這個聲稱僅僅（或最多）能夠得到好像《多馬福音》（ *Gospel of Thomas* ）[84]所能得到的認可。然而堅持這種態度的信徒的確面對極大的挫折，因爲實際上沒有人可以絕對有把握將原來經文重建出來；因此，原來的經文和教會歷史的產品便不容易分辨了！正因爲這樣，有些熱心的信徒害怕接觸新約經文鑑別學，他們害怕一旦發現一段經文可以有這麼多異文的時候，他們便逼得要承認，除了久已散失的原稿外，人對上帝的話，從來就沒有一致的見證。再者，新約經文鑑別學的研究尚未完成（大概它也會好像任何其他學科一樣，永遠不會有結束的一天），而其中所牽涉的討論，也未完全獲得一致的共識。[85] 學者對異文持不同態度，確會令教會群體懷疑新約經文的真確性，以及經文從今以後的適用性。目前有人嘗試重新訂立這所謂「主流經文類型」（ Majority text-type ）爲新約聖經的原來經文，就是由佔希臘文新約古卷大多數的小草體抄本所重建的文本，聲稱上帝的話語可以在絕大多數的古卷裏找到憑據，筆者懷疑，這可能亦是源於這種恐懼和不安的心理。

我們探討這個同時涉及學術和信仰的課題，有兩點非常重要，必須留意。一方面我們必須遵循嚴謹的學術研究規矩，對這些學者在學術上的操守有信心，不要以門外漢的身分，作一些井底之蛙的論說；另一方面，我們必須爲來自不同學術背景和處於不同信仰深度的人，

---

[84] 在這裏需要有點補充。在過去幾年，研究歷史性耶穌在美國已成爲一大熱潮。很多學者，如羅伯茨．芬克（ Robert Funk ），倡導《多馬福音》（ *Gospel of Thomas* ）的可靠性，遠勝新約聖經的四本福音書。從這些學者的角度來看，使徒的見證是不可靠和有偏見，是太神學化（ theologization ），不及多馬福音的客觀。

[85] 其實，這表面上似乎是灰暗和消極的描述亦可套入一般的聖經研究裏。試想，在同一書卷的釋經書中，有哪兩本的解釋是完全相同呢？無論我們詮釋這情況爲「上帝給人類自由意志的結果」、「聖靈在不同時代的信徒中的工作」、「上帝話語永恆的適切性」、甚至歸咎於「學者們的不同心，過分追求獨特的詮釋」，我們所面對的現實是：既然我們的背景不盡相同，我們對同一件事情或同一段經文的詮釋亦是不同。

提供適切的答案。後者或許是一個較大膽的提議。在社會工作上，處理某問題均從不同的角度去探討，當然某些解決方法的確會比較適切，但很多時候，最後的取捨多數是基於某些人的（一貫）做法、性格和成長背景，這與該問題本身並不一定有直接的關係。但轉到宗教事宜的問題時，處理的前設便很不同，大多數領袖的解決方法多從**一個層面**，然後提供**一個答案**，這種處理的態度不但不能幫助對話或探討的進程，更只會令到不同立場的人士強持自己的答案爲真理，對於解決問題並無幫助。既然探討的是**人**，我們畢竟要確認我們的有限，處理問題時，理應多探索不同人的立場，從不同的層面去回應。在處理經文鑑別學與聖經權威這既複雜又敏感的問題時，我們更加要小心，要多聽不同背景的人的意見。以下筆者嘗試從三個不同的層面回應兩者的關係，這三個層面是可以共存於一身的。

8.1. 傳統的答案

第一個處理方式是較傳統的，其出發點是把焦點放於在不同版本但相同或相似的經文，而不是歧異的地方。

倘若我們只集中注意那些異文，尤其是異文的統計數字，例如*UBSGNT*第四版的 1,500 個異文、*NA* 第二十七版的 10,000 個異文，和國際希臘文新約聖經研究企劃（International Greek New Testament Project）的著作中所列出更多的異文時，我們的腦海恐怕就只會充斥著「差異」、「錯誤」、「可靠性？」和「歪曲！」等字眼。然而，這些差異往往給誇大了。事實上，我們很可以證明，不同版本的希臘文新約聖經，它們之間的相同之處，要比我們一貫所認識的爲多。舉個例子，如果我們拿 *NA* 第二十五版的經文，跟六個歷史上重要的希臘文新約聖經版本——替申多夫的《第八增訂評註版》、韋斯科特和霍特版本、索登版本、沃格爾版本（Vogels）、默克版本

（Merk），和博韋版本（Bover）[86]——比較，我們就會發現，除了串字上的差異之外，這七個版本的經文，有三分之二是完全相同的。我們也可以將問題擴大一點來研究，比方拿兩種理論上截然相反的經文類型——拜占庭經文和亞歷山太經文——來比較，我們同樣可以發現，這兩種經文類型所顯示的一致性（大約有百分之八十是相同的），足以令人咋舌。（參 Aland, *The Text of the New Testament*, pp.26~30.）

此外，我們必須強調，在眾多現存的古代文獻之中，新約聖經的希臘文文本，是惟一一份受到學者仔細查證真僞的文獻；而就基督教信仰的核心而言，並無一個異文對耶穌基督的一生、死亡和復活，或主要的教義作出任何異議。事實上，異文或許可以在某些神學討論上構成「有利」或「不利」因素，但這其實是無關宏旨的。如果有一項基督教教義是建基於異文，或是由於異文的存在而受到動搖的話，這項教義也頗成疑問。韋斯科特和霍特（第二冊，頁 2）曾嘗引述一項令人大感安慰的統計：「那些給一致公認爲毫無疑問的經文，其實佔全本新約聖經的比例極高，粗略計算爲最少佔八分之七（87.5%）」，其餘的八分之一，除去串字和字序上的差異外（約佔 11%），「我們認爲尙有疑問的經文，只佔全本新約聖經的六十分之一（1.6%）」，而其中「可以稱得上對經文意義有重大影響的異文，也許是一千分之一（0.1%）」。我想這番話也該可以叫很多信徒感到安心了。

---

[86] H．J．沃格爾（H.J. Vogels, 1922）、A．默克（A. Merk, 1933），和 J．M．博韋（J.M. Bover, 1943）等的版本是羅馬天主教的雙語（連同《武加大譯本》的 Sixto-Clementine 版本）版本，在梵諦岡還未全面認可 *NA* 和 *UBSGNT* 時（1968 年），這些版本可能是 *NA* 和 *UBSGNT* 的主要對手。

8.2. 多層面的角度（multi-dimensional perspective）

第二個處理方式是從一個「多層面的角度」（multi-dimensional perspective）來探討，考慮不同人的處境和價值觀念。不同人在所謂「差異」（difference）或「出入」（discrepancy）程度上的接納代表著不同的價值觀念，這是與其社會文化的組合和教會背景（特別牽涉宗教事情）息息相關；在討論「無誤」或「無錯」的觀念上，這一點是非常重要的。不同人對「準確性」的衡量都不同，因這是視乎其教育和文化背景，而社會的組織亦是非常重要，特別是現代化和科技的迅速發展，肯定對此造成衝擊。筆者覺得一個很好的例子是：倘若耶穌不是餵飽 5,000 人而是餵飽 5,001 人，或是 5,010 人，或是 5,100 人，我們會否說聖經作者記錄出錯呢？怎樣的差異才算是錯誤呢？我們對「準確性」又可以有多少寬度呢？要多大的歧異才足以影響「自己」對聖經無謬誤的看法呢？我想，這些問題的重點不在乎答案是甚麼，而是問題的本身；這都反映屬於不同文化（從廣義的角度）的人對「準確性」的定義和感受均有不同。此外，「印刷品或文字的力量」（power of printed matter or written words）亦不容忽視。受西方文明影響的社會均過分強調文字的書寫模式，把歧異放在顯微鏡下，故然是巨大的，但在一些較著重口傳模式（Oral Transmission）的社會裏，集中點是在較大的篇幅和整體的信息上，這問題便不會顯得那麼巨大了。這並非說聽覺不如視覺般敏銳（這當然視乎各人而定），而是在聽覺上，我們的焦點往往是文字整體的信息而不是字眼本身。

在經文鑑別學中，不同的教會傳統在處理眾多的異文時也許會有不同的態度。一般東正教傳統認爲，聖經啓示是聖靈在教會中運行的一部分。在這個較開放的大前題下，他們就不會將聖經視爲上帝惟一的啓示，因而對經文必須絕對正確無誤的要求，自然亦不會那麼苛刻。新約聖經的寫成，固然相當重要，然而它也只不過是聖靈「在教會中」的活動之一，它並不獨立於教會之外，也不超於教會之上。從歷史的角度來說，教會先於聖經的版本而存在，甚至促成聖經的誕生；教會由聖靈建立和引導，聖經作者（或有人會說是「編者」）也照樣受同一位聖靈啓示而寫成聖經。因此，聖經和教會歷史都是聖靈不斷啓示下的產物，是相輔相成而不是對立的。這種觀點容許一種完全不同的態度，來處理經文鑑別學的問題。換言之，對於那些雖是後期增補，但由於經過眾教會歷世歷代採用，而受到傳統認可的經文，我們不用再感到那麼焦躁不安。這種態度也許會讓屬這宗派的譯經者，採用傳統上認可而缺乏最好外證支持的經文而問心無愧，他們理性上有這方面的容納性，捨去最古舊的經文或是理論上較接近原稿的經文[87]。

由此可見，這立場與「聖經是上帝惟一的啓示」這神學上的設論和華人福音派一貫的立場、看法，頗有出入。無疑這立場未必受一般人接納，但我們且慢作出批判。試想：事實上，在今天的教會講台和一般的教導上，我們還不時聽到一些講道的經文，按學者的內外考證，是不屬於原稿的。最典型的例子是約翰福音七章 53 節至八章 11 節有關「行淫的女人」這故事。絕大多數譯本均標明這段經文沒有出現在最好和最古老的古卷，但卻一致地把這故事列入正文內，然後在註腳說這段經文沒有出現在最古老的抄本 ——這不是一些自相矛盾的話嗎？另有一好例子是約翰福音一章十八節裏第二個θεός 一字，幾乎所有希臘文版本均把這字列爲正文的語句，而所有略懂希臘文的人都知道這字的意思是「上帝」或「神」而不是「兒子」，但仍有不少譯本（包括所有中文譯本）把它繙成「兒子」；這譯詞雖然是最容易解釋，但卻不是最好的語句。還有一個好例子，今天教會教導，我們

87 參 John A. Jillions 在 *St Vladimir's Theological Quarterly*（39/2，1995，頁 199~210）對 *UBSGNT* 第四版的評論。

所背誦的主禱文是出自馬太福音六章 9 至 13 節，但仔細比較大多數譯本和原文聖經便會發現，「因為國度、權柄、榮耀，全是你的，直到永遠。阿們」這句話在五世紀前的古卷均沒有出現！這些例子是要指出，任何人的宗教傳統是重要的，事實上，很多人把「教會傳統」比「聖經的教導」和真理、事實看得更為重要！

選擇東正教這立場的人士，並不表示他們在選擇某異文時，可以完全主觀和脫離規範；只是在有關這個範疇的學術研究，不再像先前所述的，那末嚴重地影響教會的生活。事實上，每當遇上這些傳統與事實（姑且假設這是學術研究的結果）有衝突的個案時，傳統多被視為最安全的避難所，其原因主要是群眾壓力，但這亦直接與銷路有不可分割的關係。

8.3. 客觀的學術角度

另一個解決這難題的方法，是較偏向學術上的考慮。上文 7.2.6 節提到，目前學術界對於經文鑑別的步驟，雖不能說是「一致」，但已經達到普遍的共識。就抄本的價值來說，「亞歷山太經文類型」的抄本，例如《梵諦岡抄本》、《西乃抄本》，和其他如《貝蒂蒲草紙集》等抄本，已屬相當可靠的資料來源。當然，我們也不能忽略那些較後期出現的抄本，同樣可以包含較準確的經文。暫且撇下日後的發展，學者可以在這個共識之上進而探求更準確的文本，而一般信徒則可以此為他們信仰的依據。正是這個原因，現今通行的 *UBSGNT* 和 *NA* 仍然包含很多異文，而一些學者所提出的問題，也往往未得到解答。然而，不論這些異文是涉及經文的原稿或其後的歷史，也不應妨礙我們繼續採用這些文本（或其他的文本）。或許我們可以用一個類比：在醫藥上的研究，科學家未能對某病毒提供最好和徹底的藥物，並不是說病人就不能使用現行還未完善的藥物。事實上，聖經學者和神學家仍然採用這兩個新約聖經版本，來進行研究和討論；而不同宗派背景的信徒，也同樣以這兩個版本爲他們靈修和崇拜生活的依歸。不過，新藥物在測試後證明是較好的藥物時，病人便不應再依附舊的藥物了。同樣，異文的存在應當提醒我們，並沒有一個單獨的傳統是絕對正確無誤的。我們必須承認學術研究有它的局限，也必須接受一個事實：今天出現在校勘欄的異文語句有可能在明天被定爲是正文的語句。聖經繙譯亦理應不時就最新的發現進行修訂和重譯，而信徒和領袖們在這方面亦應持較開放和容納（ accomodating ）的態度來接受，不應加以排斥。[88]

這種看法很容易被誇大而導致成爲「經文錯謬」的爭論，因此未必能得到很多人的贊同。然而，當我們思想一下新約聖經正典的形成過程，特別是早期教父的見證，就可以發現，一本被視爲擁有上帝權威的聖書，其中的書卷是否列入正典，總不是取決於文本的可靠程度，而是取決於書卷的信息。篩選的準則永不純然是歷史方面的考證，縱使作者的身分有時候可以成爲入選的因素，但也不盡然，希伯來書的作者問題便是一例。篩選的主要準則仍然是關乎書卷的信息本身。古時的聖徒不但可以區分一份歷史文件的信息和該份文件是否有一致的佐證，更可以一方面承認不同的教父（例如，俄利根主要是引用「亞歷山太經文類型」，而愛任紐是引用「西方經文類型」）所引用的經文有不同，而另一方面仍然堅信聖經無誤的信息，這一點是我們應該學習的。

或許前文用醫藥的類比會帶來一個錯覺，以爲我們的經文「還未完善」。絕不！上帝的啓示是完善的，是無有瑕疵的。然而在仔細研究時，我們會發覺當中還有些「雜音」；這好比在電話中不時聽到的

---

88 在採用聖經譯本這方面，一個常見的現象是，很多信徒領袖一方面承認某譯本的表達方式對初信者來說較難明白，但另一方面，在現時「有選擇的情況」之下，這些領袖仍然鼓勵初信者用這難明的譯本，顯然是爲了遷就自己的習慣。這是可悲的事實！

雜音一樣，這些雜音一般都不會防礙兩者的交通，但當兩者需要處理一些非常仔細的討論，如法律條文或科學研究的程序等問題，兩者則必須千方百計把這些雜音拿走，以免影響準確的理解。這情況反映一個普世性的語文現象，即所謂語文的「冗餘」（ redundancy ）現象。意思是，在一篇普通的對話裏，說話者所使用的詞句，往往是比實際語意和資訊上的需要超出很多，這一方面是反映說話者的性格、技巧和當時的心情，但另一方面亦是與該語言的文本結構（ discourse structure ）有關，因爲不同語言的資訊傳遞密度（ density of information flow ）都不同。（筆者相信大多數讀者在聽課或聽道時必定有這方面的經歷）。這語文冗餘的現象是非常普遍的，事實上，倘若人類的語文溝通如電腦程式語言般「精確」以至「死板」，人與人之間的溝通會是多麼困難呢。因此在現時，我們的確可以依賴 *UBSGNT* 和 *NA* 的正文順暢地了解我們的信仰，雖然當中還有一些不肯定的異文問題。對一般程度的信徒，這些問題未必會涉及他們，因爲大多數異文的內容，只爲了強調或表達一些細微的差別，但其實這些意義早已蘊含在整卷篇章之中；但一旦要仔細處理經文（主要是原文釋經），學者們便不能逃避這些「雜音」問題了。

我們必須經常提醒自己：縱使我們對主耶穌基督的認識顯然來自聖經，然而那位復活的主耶穌基督本身才是我們信仰的核心，不是某份文件。此外，就算一個異文不被視爲原來的經文，它也可以是一個註解，闡明原文的意義，或啓迪我們認識基督教會在某段歷史時期對該段經文的理解，甚至可以成爲神學討論的素材，宣講和教導聖經的範例。

附錄一 *Nestle–Aland* 第二十七版 符號參照表

Nestle–Aland 第二十七版（和二十六版）的排版工夫確實可以以「精湛」一詞來形容。正文（的標記）、內外邊界和校勘欄裏的一點一劃都有其意義。這希臘文版本在資料上的豐富，就好比一個寶藏，而其密碼則是書裏所使用的每一個符號。對於大多數讀者，了解這些符號的意思均是非常困難；本附錄的目的是要清楚闡釋這本 *Nestle–Aland* 第二十七版所用的每一個符號，好使讀者可以好好利用內裏的資料。以下的介紹是按 *Nestle–Aland* 第二十七版的「 Introduction 」部分（見頁 7*~36*）的討論、整理、重新編排和繙譯，分爲五部分：正文、內邊界、外邊界、校勘欄和一般拉丁文簡寫。

1. 正文

NA 的正文有以下的標記是需要特別留意，其餘的符號，可見第二部分的「校勘欄符號」：

[. . .] 方括號內的字詞，按經文鑑別學學者的意見，是未能肯定這語句是屬於原稿或異文；例如，馬太福音十八章 19 節正文的 [ἀμήν]，使徒行傳十六章 1 節正文的

	[καί]；通常這些字詞和各別的佐證均有出現在校勘欄內，可供讀者進一步研究；
⟦. . . ⟧	雙括號內的經文，按最好的古卷記載，理應不屬於原稿，但卻在很早期的流傳歷史中已出現在某些文獻裏，例如，約翰福音七章53節至八章11節；
斜體的經文	指舊約聖經的引用；這標示方式沒有清楚表明該經文是出自希伯來文或希臘文舊約聖經，參 𝕲 的解釋。*NA* 的附錄四「 IV. Loci Citati Vel Allegati 」（頁770~806）的第一部分有詳盡的新舊約經文索引（ A. Ex Vetere Testamento ），而第二部分則列出其他希臘文文獻的索引（ B. E Scriptoribus Graecis ）。

2. 內邊界

內邊界是指靠近書脊較小的空間，主要列出兩種資料。第一是標記在很多古卷裏的段號，以斜體的數目字列出（*1 2 3 4* . . .）；這些段號經常就是某些經課集經文的部分。 例如，馬太福音二章 1 節的內邊界有一「 *1* 」字，指馬太福音的第一段（馬太福音共有 68 段，見二十七章 57 節）；除使徒行傳、啓示錄和某幾卷書信外，古卷經常不標記開首的經文。這些分段主要是供研究古卷的人士參考；當古卷的段落在某節內時，編者會在分段的地方加上一上標的「*」，例如，馬可福音一章 7 節。

在內邊界有另一種更爲重要的資料，是著名的「優西比烏表列」（ Eusebius Canon ）參照，這表列（見頁 41*~46*）列出福音書的平行經文。優西比烏首先把福音書分段（這段號與前面所提及古卷的段號是不同的：「優西比烏表列」參照的段號只包括福音書，由書首開始，並且是以正體顯示），再按福音書有載錄類同的內容，分爲十個表格：

a. 表一列出四本福音書均有出現的經文；
b. 表二至表四列出任何三本福音書的平行經文（沒有馬可、路加、約翰的共有經文）；
c. 表五至表九列出任何兩本福音書的平行經文（沒有馬可、約翰的共有經文）；
d. 表十分有四個表格，列出每本福音書特有的經文。

在每卷福音書的內邊界裏，「優西比烏表列」參照是以「子母分數」的型式出現：母數是一個羅馬數目字，指表格的號碼；子數是一個阿拉伯數目字，指某段經文的段號。例如，馬太福音一章 1 節的「優西比烏表列」參照是 $\frac{1}{\text{III}}$，一章 17 節是 $\frac{2}{\text{X}}$，而一章 18 節是 $\frac{3}{\text{V}}$。III 是「表三」（即馬太、路加和約翰福音相同的經文），X 是「表十」（即每本福音書特有的經文），V 是「表五」（即出現在馬太福音和馬可福音的經文）；而子數的 1、2 和 3 分別是優西比烏在馬太福音的分段（馬太福音共有 355 段，見二十八章 9 節）。

以馬太福音一章 1 節的 $\frac{1}{\text{III}}$ 爲例，要找出其平行經文：先翻到表三馬太福音的欄，在「1」這格裏便可見到兩段平行經文，即路加福音第十四段和約翰福音的第一、三和五段，再翻到這兩卷書的該段號，即路加福音的 $\frac{14}{\text{III}}$（三 23~38）、約翰福音的 $\frac{1}{\text{III}}$（一 1~5）、$\frac{3}{\text{III}}$（一 6~8）和 $\frac{5}{\text{III}}$（一 14），便可看到這些平行經文。

3. 外邊界

外邊界是指靠近書頁較（內邊界）多的空間，主要列出串珠經文參照，包括舊約直接或間接引用、主題和詞彙相似的經文。這些經文非常寶貴，對了解該段經文或與該段經文有關的主題均有極大的幫助。整體上，排列的方式非常清楚；然而在某些經節，由於所列出的

參照經文數量特別多（如羅馬書），讀者在查閱時，必須特別小心。對聖經及次經各書卷的簡寫，讀者可參考頁 33*~34*的簡寫表。外邊界採用以下幾個符號：

|（實線）	某節的串珠參照延續至下一行時，這實線則分開該節的參照與下一節的參照；參上標的「英式句號」。
.（英式句號）	1. （上標）分開在一節內不同的參照； 2. 出現在聖經章節參照，相等於較常用的逗號，即把節數分開，參「逗號」。
,（逗號）	出現在聖經章節參照，相等於較常用的句號（或冒號），即把章和節分開；例如，**Rth 4,12.18–22** 即是路得記四章 12 節和 18 至 22 節。
;（分號）	分開屬同一卷書多個參照的章數；例如，馬太福音一章 1 節的外邊界有 18 Gn 5,1; 22,18 。 22,18 沒有書名，意即其書名與前面書名相同，即創世記二十二章 18 節；此外， Gn 5,1 前的 18 沒有指示屬任何書卷和章數，意即指馬太福音一章 18 節。
1 2 3（斜體）	在列出某段經文的其他平行經文（特別在福音書）時，該經文是以斜體數字列出；例如，馬太福音一章 2 節的外邊界有 *2–17:* L 3,23–38（這字體較其他參照大），意即，馬太福音一章 2 至 17 節的平行經文有路加福音三章 23 至 38 。翻到路加福音三章 23 至 38 節的外邊界，有很多經文（如馬太福音一章 1 至 17 節，使徒行傳一章 1 節、 22 節，十章 37 節等）均可適用於馬太福音一章 2 節。有時，平行經文不一定規限在福音書裏，亦可以是舊約的經文；例如，馬太福音一章 3 節的外邊界有 *3–6a*: Rth

	4,12.18–22 ，意即，馬太福音一章 3 至 6 節上的平行經文是路得記四章 12 、 18 至 22 節。
cf	拉丁文 confer（意即：比較），指隨後的經文參照是較次要。
?	指隨後的經文參照是有爭議性。
𝔊	隨後的舊約參照是出自希臘文《七十士譯本》（最早的希臘文舊約譯本），例如，馬太福音一章 23 節的外邊界有 *Is 7,14* 𝔊；以斜體列出的舊約引用，意即該經文是直接引用。倘若舊約經文是出自 *Biblia Hebraica*（希伯來文舊約聖經），則沒有任何標記。在希臘文《七十士譯本》後有括上古卷名稱時，指該引用特別只見於該古卷裏，例如，𝔊 (A) 指亞歷山太抄本的語句。
Aqu, Symm, Theod	希臘文舊約聖經的不同版本：Aquila, Symmachus, Theodotion ；隨後的舊約經文是出自某些希臘文舊約聖經的版本，例如，約翰福音三章 35 節的 Dn 1,2 Theod 是指 Theodotian 版的但以理書一章 2 節。
斜體的參照	以斜體列出的舊約參照，按編者的意見，是屬於直接引用；相反，以正體列出的舊約經文，則指該經文是間接引用。
s 或 ss	拉丁文 sequens「隨後一節」和 sequentes「隨後數節」，例如，馬太福音一章 3 節的 Gn 38,29s 是指創世記三十八章 29 至 30 節，而馬太福音四章 11 節的 1Rg 19,5ss 可能是指列王紀上十九章 5 至 8 節。
p	特別出現在福音書裏，指讀者不但可以參考所列出的參照，亦應參考其他福音書的平行經文，例如，馬太福音三章 2 節的外邊界有 4,17p ，意即，除四章

	17 節外，讀者還可參考其他福音書的平行經文（見三章 1 節的 *1–6*）。
!（感歎號）	列在某經文參照後面的感歎號，指該參照經文的外邊界有列出更多有關的串珠經文參照；例如，馬太福音四章 1 節的外邊界有 H 4,15!，意即希伯來書四章 15 節外邊界所列出的參照亦適用於馬太福音四章 1 節。
app	指某段參照的校勘欄，例如，馬太福音十一章 15 節。
vl	（上標）*NA* 沒有解釋這符號在外邊界的用法，然而它卻有出現在希伯來書十章 1 節的外邊界 9,11^{vl}，指十章 1 節的 μελλόντων 一字有出現在九章 11 節的校勘欄。

4. 校勘欄的符號

校勘欄內所包括的符號頗爲繁多，需要經常留意，才能熟練。除以下所列出的符號外，讀者還可參閱「一般拉丁文簡寫」：

•（粗點）	出現在節數（亦是粗體）之前，指出有異文的經節。有時，某些異文會跨越數節，參路加福音二十二章 17 至 20 節。
|（實線）	在一節或數節的經段裏，這符號分開不同的異文單位（variant）。
¦（斷線）	在一個異文單位裏，這符號分開不同的語句（reading）。
txt（斜體）	拉丁文 textus「正文語句」；經常出現在某異文的最後。在一個異文單位裏，這符號指隨後的古卷是正文語句的佐證。值得留意，當 *NA* 的校勘欄沒有出現

這符號，意即支持該正文語句的證據甚強，（按編者的意見）無須列出。

.（英式句號）

1. 用於簡寫，例如：約翰福音一章 3 節（行二），“ interp.” 是 “ interpunctio ”（意即：標點符號；見「一般拉丁文簡寫」）；約翰福音一章 18 節的⸀· ο μ. θεος， μ. 指正文的 μονογενής（開首的一點是希臘文的分號）；
2. 相等於英文的逗號，經常把不同的古卷分開，例如：約翰福音一章 16 節所列出的古卷有 “ D L33. 579. *l* 844.”（這符號的應用似乎不太一致）；
3. 上標的句號與某些評註符號一起出現時，如⸁ ⸄ ⸇，指該類異文是第二次出現在同一經節裏；參上標的「數目字」。以下所列出的幾種符號 ° ⸋⸌ ⸀ ⸂ ⸆ ⸉⸊ 統稱爲評註符號（ critical signs ）；
4. （上標）當兩節的次序顛倒，上標的英式句號會出現在 ⸉ 旁，即 ⸉.，見路加福音六章 5 節的例子；參「⸉. . .⸊」；
5. 出現在章節參照，這句號相等於英文的逗號，即把節數分開，見外邊界的聖經章節參照；參「逗號」。

,（逗號） 出現在章節參照，即把章節分開，例如，約翰福音一章 3 節的校勘欄「 1,3 」；參外邊界的聖經章節參照。

° 隨後的單字沒有出現在一些古卷裏。

⸋. . .⸌ 出現在兩個符號之間的字詞或短語沒有出現在一些古卷裏。

⸀ 隨後的單字在一些古卷裏被其他單字或字詞所取替。

ʳ. . .ˀ	出現在兩個符號之間的字詞或短語，在一些古卷裏被其他單字或字詞所取替；這些字詞可以包括數節經文（見路加福音三章 23 至 31 節）；有時，符號之間亦可出現有斜體的阿拉伯數目字，參「數目字」（見馬太福音二十七章 51節）。
ᵀ	在該處經文裏，有些古卷另加上其他字詞或短語。
ˢ. . .ˀ	出現在兩個符號之間的字詞或短語，在一些古卷裏，其出現的次序略有不同；出現的次序會以斜體的阿拉伯數目字表達，參「數目字」；這些字詞可以包括數節經文（見路加福音四章 5至 12節）；倘若兩節的次序顛倒，則在 ˢ 旁加一上標的英式句號，即 ˢ·。
⁚（上標冒號）	指標點符號的異文，例如：約翰福音一章 3節。
1, 2, 3 ...	1.（斜體）只與某些評註符號（如 ʳ. . .ˀ，ˢ. . .ˀ）一同出現，數字的數值是指正文語句（reading）的字詞位置（word position），即 1 指正文語句的第一個字，2 指語句的第二個字，餘此類推。例如：馬太福音二十七章 51 節的正文語句是 ʳ ἀπ᾽ ἄνωθεν ἕως κάτω εἰς δύοˀ，而校勘欄的 ʳ *5 6 1–4* 所代表的語句是 εἰς δύο ἀπ᾽ ἄνωθεν ἕως κάτω；路加福音二十二章 24 節的正文語句是 ʳδὲ καὶˀ，而校勘欄是 ʳ 2 𝔓⁷⁵ ¦ 1 א，意即 𝔓⁷⁵ 只有καὶ，而 א 只有δέ； 2.（上標）只與評註符號一起出現，如 °1 °2 °3 ⸋1 ⸋2 ⸋3 ʳ1 ʳ2 ʳ3 ᵀ1 ᵀ2 ᵀ3 ˢ1 ˢ2 ˢ3，指多過一次該類異文出現在同一經節裏；有時英式句號亦可指第二次的出現，見「英式句號」。

(. . .) 1. 括號內的古卷與該語句的其他證據顯示有些微的出入，例如，馬太福音九章 27 節的 (700)；有時，這些出入可能是顯示在同一份古卷，即某古卷的後期抄寫員的刪改，如馬太福音九章 5 節的 ℵ(*) 或使徒行傳十二章 5 節的 D(2)。

2. 在異文語句旁並括上的經文參照指某段平行經文，編者在校勘欄列出這些參照經文，其含義是指括號裏的平行經文可能是導致該異文的原因之一；例如，馬太福音一章 25 節 ⸀ 的校勘欄有 (Lk 2,7)。倘若所括上的語句沒有列出書名，意即該參照是在同一書卷裏，例如，使徒行傳二十一章 39 節 ⸀ 的 (22,3) 是指使徒行傳二十二章 3 節，或馬太福音二章 13 節 ⸆ 的 (12) 是指馬太福音二章 12 節。有時，參照經文旁有 *v.l.*（ varia lectio ，意即：異文語句），意思是這語句可能是基於括號經文內的異文語句所致，例如，馬太福音二章 13 節 ⸀ 的 (19 v.l.) 是指二章 13 節 ⸀ 所列出的語句可能是基於二章 19 節的異文語句所引致。

... 在校勘欄裏的三點省略號是指所省略的字詞是與正文相同，例如，路加福音二十章 25 節的 ⸆ **Καίσαρος** ⸆，而校勘欄有 ⸆ **του ... τω** D ，意即所代表的語句是 **του Καισαρος τω** 。

[. . .] （方括號）指某些學者的推測（簡寫 cj ），這些推測均沒有古卷支持；推測的參照均以學者爲名，例如，馬太福音五章 5 節裏 [⸋ *vs* Wellhausen *cj*]，指 Wellhausen 推測原稿沒有該節（ vs ）；倘若某推測是可見於一般釋經書，其簡稱爲 comm （單數爲

com），例如，以弗所書四章 21 節的 [「-θείᾳ comm]。

p) 指列在外邊界裏的福音書的平行經文。

†（十字架） 指正文的語句與 *NA*–二十五版不同（例如馬太福音七章 18 節「）。在經文鑑別的過程中，這些經文均是非常困難處理的； Appendix III (Editionum Differentia) 詳細列出經個重要版本在處理這些經文的不同結論。

5. 一般拉丁文簡寫

除古卷、譯本和教父著作的簡寫（頁 14*~33*， 37*~40*）外，以下的對照列出 *NA* 所有的簡寫。筆者會先把寫出簡寫的拉丁文全寫，然後是其中文的繙譯或解釋：

𝔐 （Majority text-type，意即：主流經文類型，包括 Byzantine 和 Koine text），指屬這經文類型的古卷所支持的語句；這符號相等於 *NA*–二十五版的 𝔎 符號

ℌ 希伯來文舊約聖經（*Biblia Hebraica*）

(!) *sic!*「如此」；其用法是，雖然某語句很明顯是不正確的，然而編者仍把原來的語句記錄下來（參使徒行傳二十四章 5 節）

a *actus apostolorum et epistulae catholicate*：「使徒行傳和普通書信」（不包括希伯來書）；參 *e*、*act*、*cath*、*p* 和 *r*

a. *ante*：「之前」

act *actus apostolorum*：「使徒行傳」

acc. *accentus vel spiritus*：「重音符號或氣號」

add. 或「+」 *addit/addunt*：「另加」

al.	*alii*：「其他」，與「主流經文類型」有關；指除某些明顯引證的古卷外，有不少抄卷是有異於「主流經文類型」
apud	「在，根據」
bis	「兩次」：出現在評註符號（ critical sign ）後面，指經文的字在某些古卷裏出現兩次；例如馬太福音 1.9 ⸀*bis*
c	*cum*：「與」
cath	*epistulae catholicae*：「普通書信」（不包括希伯來書）；參 *e*、*a*、*act*、*p* 和 *r*
cet.	*ceteri*：「其他／其餘」
cf	*confer*：「比較」
cj/cjj	*conjecit/conjecerunt*：「推斷，推測」
cod/codd	manuscript(s)：「古卷」
cont	*continet*：「記載有」
del	*delevit*：「刪除」
dist	*distinguit*：「分開，分別」
e	*evangelia*：「四福音」；參 a、act、cath、p 和 r
ead.	*eadem*：「同一個字詞」
ex err.	*ex errore*：「出於（抄寫員的）錯誤」
ex itac.	*ex itacismo*：因爲同是 i–音而導致聽覺上的抄寫錯誤
ex lat?	*ex versione latina*?：「有可能是出自拉丁文的譯本」
ex lect.	*ex lectionariis*：「被經課集的用法所影響」
glossa	「註解」
h.t.	*homoioteleuton*：「行尾類似」；因爲兩行有相若的字詞作結尾，而導致抄寫員跳越一行或多過一行的錯誤
hab	*habet/habent*：「包括，有」

hic	「在這裏」
huc	「到這裏」
i.e.	*id est*：「即是」
id.	*idem*：「同一個字」
illeg	*illegibilis*：「無法讀」
incert	*incertus*：「不清楚」
interp	*interpunctio*：「標點符號」
it	*item*：「同樣，相似」
κτλ	**καὶ τὰ λοιπά**（= *et cetera*）：「剩餘的」
lac	*lacuna*：「斷裂」
loco	「取替」
mg（上標）	in margine：「在邊界裏」，指某語句出現在某古卷的邊界裏，這可能是後期抄寫員的修改或原來抄寫員所列出的另一語句；參上標的 v.l. 和 txt
mut	*mutilatus*：「損壞」
nihil	「沒有」
obel	*obelus*：指用在古卷裏的評註符號
om. 或「–」	*omittit/omittunt*：「刪除」；指隨後的古卷沒有該語句
ord. inv.	*ordo inversus*：「次序顛倒」
p	*epistulae Paulinae*：「保羅書信」（包括希伯來書）；參 *e*、*a*、*act*、*cath* 和 *r*
p	*pagina*：「頁」
p)	福音書的平行經文
p.	post：「之後」，隨後的經文是該語句
pc	*pauci*：「少量」；與「主流經文類型」有關，較 *al* 所代表的數目少（參 *al*）

pm	*permulti*：「大量」；與「主流經文類型」有關，屬這類型的古卷有很大的分歧時，*pm* 則指大多數的抄本
pon.	*ponit*：「放置」或「搬移」
prim	*primo loco*：「在第一個位置裏」，參 *sec* 和 *tert*
pro	「取替」
r	*revelatio*：「啓示錄」；參 *e*、*a*、*act*、*cath* 和 *p*
rectius	「較正確」
rell.	*reliqui*：「剩餘」，與「主流經文類型」有關
s（上標）	*supplementum*：「附加」，指該語句是出現在後來附加上這古卷的某一帖子裏。
s/ss, sq/sqq	*sequens, sequentes*：「隨後」
sec	*secundo loco*：「在第二個位置裏」，參 *prim* 和 *tert*
sec.	*secundum*：「按，根據」
sed	「但是，相對」
sim	*similis*：「相似，如」
sine	「沒有，缺乏」
tantum	「只有」
ter	「三次」
test	*testis/testes*：「佐證」
tert	*tertio loco*：「在第三個位置裏」，參 *prim* 和 *sec*
txt（上標）	*textus*：「正文」，指該語句所出現的古卷裏有另一語句。參上標的 v.l. 和 mg；這標號與指正文語句的 *txt* 分別在於其字型樣式
totaliter	「完全」
usque (ad)	「直至」
ut	「如，好像」

v	vide：「見」
verss	*versiones*：「（早期）譯本」
vid（上標）	*ut videtur*：「似乎」；所指的語句，在古卷中無法肯定辨別；這情況常見於蒲草紙和重寫本（palimpsest）中。
v.l.（上標）	*varia lectio*：「異文語句」，指在出現的古卷裏有另一語句是爲正文；參上標的 mg 和 txt
vl.	*vel*：「或」
vs/vss	*versus*：「節」

附錄二
這是「耶和華見證人」的「聖經」——《新世界譯本》！

「在開頭就有了話語，話語跟上帝在一起，話語是個神。」（約一1；《新世界譯本》）

1.0. 引言

「聖經」或「 Bible 」一詞不再是基督教的專利品了！不同人士用此名字均可帶有不同的含義，或指不同的東西。在英語社會，很多（教外）人用「 Bible 」一字，泛指一本很有權威的書本或參考書（如電腦參考書），並不一定是宗教的書籍。但「聖經」這名字若出現在一本黑色硬面、以純白聖經紙印刷又帶有嚴肅氣氛的書上時，便很容易令人聯想到我們所認信爲上帝默示的「聖經」了。

1.1. 介紹：綜觀《新世界譯本》

筆者在 1996 年初很意外地得到一本包裝和印刷（日本印）均無與倫比的書：精裝釘製，較絕大多數的精裝書本還要硬實；紙是特級聖經紙，較現行所有的中文聖經紙更要光滑；印刷精美，字體線條非常結實；書面和書脊燙上金色、粗實、又帶有神聖味道二字——「聖經」。一打開，有彩色的地圖分別見於書面和書底，題爲「耶穌踏足之地」和「保羅的旅程」（只有一幅舊約地圖在附錄裏）。在首頁，先有出版者的名字：“ Watchtower ” Bible and Tract Society of New York, Inc. & International Bible Students Association, Brooklyn, New York, U.S.A.（「紐約守望台聖經書社」和美國「紐約布洛克林國際聖經學生協會」）。再下面有中文寫著：「舊約聖經全書採用自《和合本》的聖經，版權爲香港聖經公會所有，蒙允許使用。」出版日期是 1995 年。隨後的 1076 頁是我們熟識的《和合本》經文；標點符號方面，除用了現代式的雙引號（亦是普遍在中國大陸盛行的“”），標點方式與《新標點和合本》差不多是完全相同（見下面的討論）。

第 1077 頁開始的新約部分，標題是《基督教希臘語聖經新世界譯本》（英文是：*New World Translation of the Christian Greek Scriptures*）。由於新約部分是重新繙譯的作品，所以有獨立的版權頁，持版權的機構是“ Watch Tower ” Bible and Tract Society of Pennsylvania（「賓雪法尼亞州守望台聖經書社」；留意不同的英文名稱和「 Watch Tower 」的寫法），出版者則與前文所載相同，這頁更列出《新世界譯本》的多種語言譯本。隨後的「前言」介紹這本聖經的繙譯歷史，然後是各書卷名稱等資料。書末還提供一些輔助閱讀資料：先有「公元時代（基督教紀元）成書的《希臘語聖經》卷目」，介紹每卷書的作者、寫作地點和時期（馬太福音竟是新約最早成書的一卷，約公元 41 年）；然後有近百頁的「聖經詞語索引」，並附有傳統的筆畫檢字表和國語注音符號音節表。最後有一連串（十三篇之多）的附錄和「聖經討論話題」（如「安息日」，「崇拜祖先」，「得救預定論」等等）。這十三篇附錄的題目如下：

1. 論《希臘語聖經》應否沿用上帝的名字（ יהוה ）（附十二塊殘片爲證據）。
2. 在《基督教希臘語聖經》裏恢復上帝的名字。“耶和華”——希

伯來語作 יהוה（英語字母作 YHWH 或 JHVH）。

3. 耶穌—— 與上帝相似；具有神性，約翰福音 1:1——“話語是個神（與上帝相似；具有神性）”。希臘語， καὶ θεός ἦν ὁ λόγος（凱·特俄斯·恩·霍·羅戈斯）。
4. “淫亂”—— 泛指各種不法的性交。馬太福音 5:32—— 希臘語，πορνεία（坡內阿）；拉丁語， for-ni-ca'ti-o（佛尼卡蒂奧運）。
5. 基督的臨在（帕露西阿）。馬太福音 24:3 —— 希臘語， τὸ σημεῖον τῆς σῆς παρουσίας（托·塞梅安·特斯·塞斯·帕汝斯阿斯）。
6. “苦刑柱”。希臘語， σταυρός（斯陶若斯）；拉丁語， crux（克魯克斯）。
7. “魂”—— 活的受造物（人或動物）；有智力的生物所具有的生命；其他用法。希臘語， ψυχή （普緒克）；拉丁語， a'ni-ma（阿尼馬）；希伯來語，נפש（尼發希）。
8. “海地斯”、“希屋爾”——人類墳墓的統稱；墳墓領域。希臘語， ᾅδης（海地斯）；拉丁語， in-fer'nus （因弗爾努斯）；希伯來語， שאול （希屋爾）；敘利亞語，什烏爾。不是“陰間”，這不是適當的譯法。
9. “磯漢拿”—— 象徵完全毀滅。希臘語， γέεννα （磯漢拿）；拉丁語， ge-hen'na （格亨拿）；希伯來語， גיהנם （格·欣嫩，“欣嫩谷”）。不是“地獄”，這是不適當的譯法。
10. 論《新約》《舊約》之稱。哥林多後書 3:14 —— 希臘語，ἐπὶ τῇ ἀναγνώσει τῆς παλαιᾶς διαθήκης（厄皮·特伊·阿納諾塞伊·特斯·帕萊阿斯·迪阿特克斯）；拉丁語， in lectione veteris testamenti（因·萊克蒂奧尼·維特里斯·特斯塔門蒂）。
11. 耶穌在地上生活期間的主要事件：四福音的經節按時間先後排列。

12.（地圖）掃羅、大衛、所羅門治下的統一王國。
13.（地圖）耶穌執行服事職務期間的巴勒斯坦。

1.2. 研究《新世界譯本》的重要性

這本「聖經」不單是中文「聖經」中最新的譯本，亦可能是中文聖經繙譯史上，第一本由非正統基督教（也有稱爲「基督教異端」）人士繙譯的聖經版本。「守望台聖經書社」和美國「紐約布洛克林國際聖經學生協會」分別成立於 1896 和 1908 年（？），二者均是「耶和華見證人」（簡稱「耶證」）的主要機構，藉著出版書籍和小冊子，致力推廣他們的教義。因此，這一本「聖經」可算是「耶證」的「欽定本」，非常值得我們注意。無論在聖經繙譯研究方面，或爲幫助教會信徒更有效與「耶證」對話，我們都應該對此譯本有多一點認識。

本文目的不在研究「耶和華見證人」的信仰和教義，亦無意批評，只是希望從聖經繙譯這方面來探討這譯本的某些繙譯問題。由於繙譯的人必須做過釋經的功夫，蓋繙譯本身就是釋經，兩者不同只是次序先後的問題；但繙譯的人應盡量忠於經文，而不受某種神學思想所牽制。因此，筆者亦會探討一些基於某些獨特教義而引致的繙譯或釋經問題。

本文的著重點只是新約部分，因爲舊約全是採納《和合本》的舊約聖經。很明顯，「耶證」之所以採用《和合本》，是因爲《和合本》也有用「耶和華」這名字。雖然本文不會討論舊約部分，但在這裏，筆者必須提出一個問題：究竟這舊約部分是《和合本》（有時俗稱爲《舊標點和合本》，英文的專稱是 *Union Version* 或簡稱 *UV*），即 1919 年繙譯的《和合本》聖經的舊約部分，還是《新標點和合本》（ 1988 年出版，英文的專稱是 *Chinese Union New Punctuation* 或簡稱 *CUNP* ）呢？在比較《新世界譯本》和《新標點和合本》的經

和合本》的經文時，筆者翻查過幾十章篇幅，發現除了《新世界譯本》是採用英式的引號“”以及把「耶和華」（新約的「耶穌」）一詞加上了專名號外，兩譯本的標點符號和標題是完全相同的。最重要的是，連《新標點和合本》最新採用的專有名詞，如「呂便」（取代「流便」）、「她瑪」（取代「他瑪」）、「利巴嫩」（取代「黎巴嫩」）和「幼發拉底」大河（取代「伯拉」大河）等，和專有名詞的音節標號（·），如「耶路·巴力」和「巴力·比利土」等均與《新世界譯本》相同。倘若「守望台聖經書社」果真採用《新標點和合本》，那麼爲何印上《和合本》呢？或許雙方都須要澄清這一點。無論如何，讓一個非正統基督教（或異端）把整本舊約聖經印載在他們的經典裏，這做法是值得商榷的。

在進入本文的主要評論之先，我們必須了解有關《新世界譯本》的背景，包括「耶和華見證人」的聖經繙譯的歷史和譯本的底本問題。

2.0. 耶和華見證人的聖經繙譯歷史

「耶和華見證人」的聖經繙譯歷史可從「守望台聖經書社」的第三任總幹事內森 · H · 諾爾（Nathan H. Knorr，1942 年上任）說起。

2.1. 第一本「聖經」：*New World Translation*

諾爾於 1943 年創辦「耶證」第一所「耶證」工人訓練的學院——吉拉德守望台聖經學院（Gilead Watchtower Bible School）。藉此學院，諾爾致力訓練工人，開辦不同的訓練課程；但他的使命當中最重要的項目就是聖經繙譯。「耶證」人士一向對聖經非常看重，視聖經爲至高權威，是上帝所默示的，這觀念在早期「守望台聖經書社」的著作中非常明顯（參 *What Has Religion Done for Mankind?* [Brooklyn: Watchtower Bible and Tract Society, 1951]，頁 26，

29~32)。在頗短時間之內，第一部 *New World Translation of the Christian Greek Scriptures*（《基督教希臘語聖經新世界譯本》）於 1950 年出版（修訂版， 1951 年）；這是新約聖經。舊約部分則於 1953 至 1960 年期間以五冊出版。以合訂本發行的 *New World Translation*（簡稱 *NWT*）是在 1961 年面世的，這版本亦是新約的修訂本（見 *NWT* 頁 6 ）。 *NWT* 的譯者（佚名）在這合訂本的序言指出，他們修改了不少地方；很可惜，編者卻把 1951 年版的「前言」刪去。其實，這修訂版所修訂的地方非常簡單，卻把大部分的註腳刪去了。由於中文的 *NWT* 只有新約部分是重新繙譯，因此在本文裏《新世界》此簡稱特別是指《基督教希臘語聖經新世界譯本》。

NWT 不單是「耶證」的第一本「聖經」，亦是日後「耶證」的聖經繙譯工作的底本（參下面有關 *The Kingdom Interlinear Translation of the Greek Scriptures* 的討論）。按《新世界》的前言指出，在過去 45 年間，有 24 種語言的版本是繙自這 *NWT* 版本，有的是「聖經」全書，有的只是《希臘語聖經》，印行總數超過 8,100 萬冊，中文的繙譯還包括簡體版。

2.2. 學者的反應

這 *NWT* 的面世引起幾位著名聖經學者的回應，其中最值得注意的是 B．M．梅茨格（ B.M. Metzger ）和 H．H．羅利（ H.H. Rowley ）。梅茨格寫了三篇文章都是針對 *NWT* 的繙譯問題："Jehovah's Witnesses and Jesus Christ," *Theology Today*（ April 1953 ）, pp.65~85; "The New World Translation of the Christian Greek Scriptures, " *The Bible Translator*（ July 1964 ）; "On the Translation of John 1.1, " *The Expository Times* 63 （ 1951~1952 ）, pp.125~126。羅利亦有兩篇："How Not to Translate the Bible, " *The Expository Times*（ Nov. 1953 ）, pp.41~42; "Jehovah's Witnesses' Translation of the

Bible, ” *The Expository Times* (Jan. 1956), pp.106~107。他們的評論均非常嚴厲，主要針對譯者的釋經問題。此外，還有沃爾特．E．斯圖爾曼（Walter E. Stuerman）的小冊子（共31頁，主要是針對教義和舊約聖經的問題）*The Jehovah's Witnesses and the Bible*（Tulsa, OK :University of Oklahoma,1955）。更有一篇羅伯特．H．康特達斯(Robert H.Countess)所寫的博士論文（Ph.D., Bob Jones University, 1967）特別討論這譯本，十五年後且獨立出版：*The Jehovah's Witnesses' New Testament*（Phillipsburg, NJ:Presbyterian and Reformed Publishing Co., 1982）。

3.0. *New World Translation* 和《新世界》的希臘文底本

《新世界》譯者的繙譯方法和一些背景的問題都很清楚和坦白地在兩頁的「前言」（頁 1079~1080）寫出來，要有更詳細了解就很困難了，因爲「守望台聖經書社」對其聖經繙譯的詳細資料保密得很嚴。因此，以下有關這譯本的希臘文底本的討論只能就這兩頁的前言和英文 *NWT* 的前言所提供的資料而作。

3.1. 譯自 *New World Translation*

《新世界》編者聲明「這個譯本是根據《希臘語聖經》英語版轉譯而成的」，在最後的段落，還有這樣的交代：

> 這個漢語譯本雖然不是原本新世界聖經繙譯委員會的譯作，卻反映原譯的特點，並且以原譯爲底本。美國賓雪法尼亞州守望台聖經書社起用了幾位勝任的漢語繙譯員擔任譯經工作；這個譯本就是他們盡忠盡責的成果。

很明顯，這譯本並不是以原來希臘文新約聖經爲底本。以某譯本作爲初稿是很平常的事，因爲大多數聖經繙譯的程序都非常嚴謹，由初稿到最後修訂好的文稿過程需時很長，當中經過多次的審閱和與原文聖經校對。在西方社會亦有不少這樣的例子，有時候，這並不一定是爲了方便，而是要保留某譯本的特色，中文的《現代中文譯本》（初稿譯自 *Today's English Version*）和 *Jerusalem Bible* 便是最好的例子（有好幾卷書的初稿是由 *La Bible de Jérusalem* 繙出的）。反之，有些聖經繙譯委員會會以「直接由原文繙譯」作爲宣傳，卻並非事實。但《新世界》的編者所表示的，似乎並非是指初稿的繙譯，而是指整個繙譯程序和藍本。此外，前言的說法甚至令筆者懷疑繙譯的人是否懂得希臘文（見下文的討論）。按筆者聯絡「耶證」在紐約總會繙譯部負責人所得，譯者們是香港的信徒，但有些地方，筆者覺得這譯本帶有中國大陸人士的口吻（最顯然的例子是：彼前一 13「強化思想，準備行動」！)。

3.2. *Emphatic Diaglott* 和 *The Kingdom Interlinear Translation of the Greek Scriptures*

英語 *NWT* 的註腳經常提到一本 1864 年出版的希臘文英語聖經 *Emphatic Diaglott*，其主編是伊利諾州一名報社編輯本傑明．威爾遜（Benjamin Wilson）。威爾遜一生沒有接受過正式的教育，他的神學或希臘文知識，是自學得來的。這希英聖經分爲兩部分：希臘文經文和英文的繙譯。希臘文文本是十八世紀 J．J．格利斯巴赫（J.J. Griesbach）編纂的希臘文版本。從新約希臘文鑑別學的歷史來說，格利斯巴赫所建構的方法論和編纂的希臘文版本可以說是韋斯科特（B.F. Westcott）和霍特（F.J.A. Hort）的版本的前身，算是非常可靠。威爾遜更在每一個希臘文字詞下面註上很獨特的繙譯，很多時候這繙譯又與另外一欄非常字面和生硬的英文繙譯不同。威爾遜其實是十九世紀末期「千禧年運動」（ Millenium Movement ）的活躍成員，並主編一月刊，名爲 *The Gospel Banner and Millenium Advocate*。自 1902 年，守望台聖經書社成爲 *Emphatic Diaglott* 的總代理。在詞句上，這繙譯與 *NWT* 非常相似，因此，我們有理由相信威爾遜的繙譯很可能是 *NWT* 的藍本。 *Emphatic Diaglott* 雖然不是最早的希英逐字式繙譯的聖經，但必定是第一本把約翰福音一章 1 節第三句的 θεός（ *theos* ）註上「 a god 」這譯詞，亦可能是第一本英文譯本把新約聖經中某些 θεός（ *theos* ）的出處繙成「耶和華」的譯本。

1969 年，守望台聖經書社更出版自己的希英聖經，名爲 *The Kingdom Interlinear Translation of the Greek Scriptures*。每頁的左欄有韋斯科特和霍特的希臘文新約聖經版本，每字詞下註有非常字面的英文註釋；很多註釋均與 *Emphatic Diaglott* 相同。而在右欄有 *NWT* 的繙譯。在前言（頁 5 ），編者強調在希臘文經文的字詞下所註上的英文註釋並非取自 *NWT* 譯本，而是按該希臘文字詞的語法意思和字根意思（ root meanings ）而附註的。事實上，在多處地方這逐字式的繙譯確與 *NWT* 有出入，這一點是很值得讚賞的。與其把 *New World Translation* 的繙譯套上希臘文聖經（韋斯科特和霍特的版本）裏，好借「希臘文新約聖經」的權威來印證 *NWT* 的繙譯和「耶證」的教義， *The Kingdom Interlinear Translation of the Greek Scriptures* 的編者還是盡量尊重原文的意思。筆者翻查過多處地方，發現希臘文經文的逐字式繙釋較 *NWT* 更好，最明顯的例子是 θεός（ *theos* ）的繙譯是「 God 」而不是「耶和華」。此外，編者雖然強調逐字式的繙譯所採用的字詞是非常字面，但又特別指出，由於聖經的語言，即希伯來文、亞蘭文和希臘文均是當時人們的日用語，聖經的人物在提及上帝或向上帝祈禱的時候，都是採用這些普遍的語言，因此，在繙譯聖經上所用的字眼亦應該是一般人所用的用語。這一點反映編者們在（聖經）繙譯學問上的洞察力。

以上幾點或許顯示這本希英聖經的編者與 *NWT* 的譯者是不同的人，但亦反映出，倘若一班聖經學者能先放下自己某些較獨特的神學立場，雖然未必能夠在研究聖經（特別是原文聖經）所有細節上有相同的解釋和詮釋，但必能在整體的經文意思上有較爲一致的共識。聖經繙譯是可以超宗派的，亦應該是超宗派的，好讓持不同神學立場和宗派背景的弟兄姊妹可以在同一譯本上討論和研究。英文的 *King James Version* 和中文的《（新標點）和合本》分別在過去三百多年和越半個世紀裏，在這方面扮演了非常重要的角色；*Revised Standard Version* 和較近期的 *New Revised Standard Version* 亦嘗試爲超宗派的對話，提供一部非常可靠的譯本。但當聖經繙譯變成護教的一種手法，對話便很難進行了。

3.3. 韋斯科特（Westcott）和霍特（Hort）的希臘文版本

在《新世界》第二段裏，編者指出 *NWT* 的希臘文底本是韋斯科特和霍特的版本。

> 這個文本（即韋斯科特和霍特的版本）跟最古的希臘語抄本吻合。因此，大凡遇到經節或詞句是這個權威希臘文本所無的，即使見於這個文本之前的譯本裏，《新世界》也一概不收。這些省略不錄的經節，一律在節數後用橫線標明。

在這裏有幾點很值得提出來。第一，韋斯科特和霍特的希臘文版本（1881 年）只是用了「當時」（韋斯科特和霍特花了 28 年的時間，1853~1881 年）最古的希臘文抄本，但過去百多年考古學在古卷方面的發現，我深信任何經文鑑別學學者不會說這版本與「最古的希臘語抄本吻合」。此外，這裏提到「見於這個文本之前的『譯本』裏」，編者可能是混淆了學術用詞，「譯本」是指繙譯的譯本（translation version），但內文應指希臘文「版本」（Greek Edition），因爲在頁 1080，編者提到有別的「文本代號」。第二，編者雖明確指出這原來英語的《新世界》是完全譯自韋斯科特和霍特的希臘文版本，但這並非屬實。翻到原來 1951 年 *NWT* 的「前言」（頁 8），編者清楚指出，繙譯的人並非完全根據韋斯科特和霍特的希臘文版本；當時的編者更把有差異的地方全都錄在註腳裏，大多數的經節都是有關「耶和華」這名字（有 237 次之多，見下面討論）。第三，在 1950 年代，*NWT* 採用韋斯科特和霍特的希臘文版本作爲聖經繙譯的底本是很容易理解的，蓋編制一部希臘文版本所花的時間和金錢是無可估計的。兩次大戰之後，全世界的經濟還正等待復甦，要號召一群學者，再花二十或三十年的日子編制一部較韋斯科特和霍特的希臘文版本更好的版本，談何容易。況且，雖然當時的確有其他版本，如**埃伯哈德 · 內斯尼**（D. Eberhand Nestle）的 *Novum Testamentum Graece* (第 18 版，1943 年；現時的版本是第 27 版）和幾本天主教的版本，但畢竟內斯尼的版本是以韋斯科特和霍特的希臘文版本爲基礎而編制，因此在文本上，這兩本版本是頗爲接近的；而另外兩本天主教版本則未能被一般學術界接納。今天絕大多數（包括天主教）新約聖經的繙譯工作均用 *United Bible Societies' Greek New Testament*（《聯合聖經公會的希臘文新約聖經》）第四版（1992 年）或內斯尼和亞蘭（Nestle-Aland）的 *Novum Testamentum Graece* 第 27 版（1993 年）作爲底本；除校勘欄外，兩個版本的文本完全相同。因此這兩個版本才是集合「當今」所有的抄本、古卷和教父文獻而編制，是「當今」超宗派聖經研究學術的結晶品。

4.0. 對《新世界》的評論

一般對譯本的評論都是很片面和籠統，不夠全面。一本譯本的篇幅那麼長，若沒有一套既客觀又有條理的方法，評論的結果只會是主觀的感受。筆者對《新世界》的評論是從兩方面入手：（一）繙譯方法，這包括兩點：第一是整體文筆方面的風格，第二是「特別詞彙」的處理方式，包括神學性和宗教性以及有關猶太人文化的詞彙；在這方面的討論，我們的著重點會放在詞彙的處理方式上。（二）特別經文，包括神學或教義味道重的經文，目的是要指出「耶證」人士在不少經文裏，刻意抹殺上下文義，然後在一些詞句上，把自己的教義注入經文內。

由於《新世界》是用韋斯科特和霍特的希臘文版本作底本，本文討論繙譯的問題時亦會用這版本作為對照，但也會引用《聯合聖經公會的希臘文新約聖經》第四版（ 1992 年）及內斯尼和亞蘭的 *Novum Testamentum Graece* 第 27 版（ 1993 年）作為參考。這兩版本的內文是完全相同（除校勘欄外），亦是《現代中文譯本》的底本。按文本的歷史和版本所採用的抄本，我們所熟悉的《和合本》的希臘文底本是更接近韋斯科特和霍特的希臘文版本。除了一些特別字眼外，在大多數繙譯的經文裏，不容易察覺到歧異。例如，《新世界》把馬可福音七章 4 節繙成「行灑禮」，這詞的原文是 ῥαντίσωνται（ *rhantisōntai* ），是《韋斯科特和霍特》版本的字詞，但《和合本》的譯詞是「洗禮」，背後的希臘文字可能是 βαπτίσωνται（ *baptisōntai* ），這亦是《聯合聖經公會的希臘文新約聖經》第四版的字詞。另一例子是羅馬書八章 28 節，《和合本》的繙譯是「我們曉得萬事都互相效力，……」，《韋斯科特和霍特》版本採用古卷 𝔓46 ， B 和 A 的字句，在這裏加上 θεός 一字作為主語（其實這才是較好的字句），因此，《新世界》的繙譯是「我們知道，上帝使他的一切作爲都共同合作……」。

4.1. 繙譯方法

《新世界》的主要繙譯原則在新約部分的「前言」（頁 1079 ）已表達得非常清楚：

> 《新世界》英語版刻意反映希臘原文的字面意義，漢語版因而也力求保留原文措辭的風貌。所以，譯者爲求譯文更加清楚易明，不得不根據文意補充重要插語的時候，就用方括號（〔／〕）顯示出來。只要不致暗晦不明，《新世界》就採取一詞一譯的方針，把希臘原文的詞語繙成漢語的一個對應字眼。另外，人名地名的音譯，顧及原名的希伯來語形態。

我們就這「前言」討論譯本的詞彙和文筆。但在討論之先，先看一些與內文繙譯有關的版面問題。

新約部分的分題排列方式與舊約完全不同。舊約的標題是源自《新標點和合本》，但新約中許多標題是直繙英文 *NWT* 的標題，有些繙譯頗不自然： *NWT* 在哥林多後書七章的“ Godly sadness ”繙成「敬神的難過」。亦有不少標題是額外加上的，如「論功行賞」（路十九），「毫不匹配」，「潔淨自己」（林後六）等等。新約標題的位置與舊約亦有不同，是放在書眉的（與 *NWT* 一樣），與舊式直欄《和合本》的排列方式相似。這顯然是因爲舊約要按照《新標點和合本》的版面而有所限制。

譯者在版面裏用了一些標號，例如用雙方括號來表示古人加進原語文本中的經文，例如：馬太福音第十六章 23 節、二十七章 49 節，路加福音第二十三章 34 節、二十四章 6 、 12 、 36 、 40 節。但有些地方，譯者的單方括號很容易令讀者混淆經文和註釋，特別是在引用單方括號裏的詞語，舉例：馬太福音十八章 24 節：〔=6 000 萬第納流斯〕，十七章 24節：〔稅金〕。內文的括號則表示屬於經文裏的一些背景資料，如馬太福音二十四章 15節：「（讀者應該用辨識力）」，馬可福音十章 46節：「（提邁的兒子）」，使徒行傳八章 26 節：「（這是一條荒漠路）」，但有些經文是不應該放在括號內的：使徒行傳一章 15、18~19節、四章 6節、五章 38節，特別是馬可福音一章 2 節：「（看啊！我差我的使者在你面前，準備你的道）」。

4.1.1. 整體文筆方面的風格

把「一詞一譯」這原則視爲「準確」和「忠於原文」的標準是非常普遍的，但事實卻非如此。應用在一些泛指某事物，如專有名詞、人名、地名和宗教性的詞彙，這原則或許是恰當的。在一些有系統的繙譯工作裏，其中一項工序是編輯整理一份對照詞彙（glossary），把原文一些泛指某事物的字詞和譯文的對應詞列出來，如此固可供日後參考，但最重要的是能在繙譯這些字詞上，達到「一詞一譯」的效果。然而，若繙譯某事件的字詞（event words），便要小心，否則，繙譯便會變得非常機械和生硬，例如：使徒行傳二十七章 23節：「我也對他作神聖的服務」，羅馬書五章 2 節：「已經上前**進入**現在**所站**的這種分外恩慈裏」。更有可能會產生很多誤解，例如：使徒行傳七章 60 節：「就在死裏睡了」（ἐκοιμήθη [*ekoimēthē*]，*NWT*“fell asleep [in death]”），羅馬書五章 4節：「蒙認可的情況」（“approved” δοκιμή [*dokimē*]），希伯來書十章 31節：「落在活上帝手裏」，和馬可福音七章 4 節——由於《新世界》素常把βαπτισμός（*baptismos*）繙成「浸禮」，因此，在這裏我們讀到：「他們……的傳統很多，就如各種杯、壺、銅器的浸禮」，這是很有趣的繙譯。

此外，過分著重字面的意思，也會帶來不良效果。例如，ὁ ἀνακείμενος（ *ho anakeimenos* ）一詞是指「坐席的人」，譯者爲了把字詞的每一部分都繙出來，便繙成「斜躺桌前的人」（太二十六 20；可六 26）；雖然這的確反映當時的人用膳時的姿態，但讀起來卻非常奇怪。其他的例子有：提摩太前書四章 6 節：「我現在已經像飲料供獻一樣澆出來；我得釋放的既定時候近了。」

另一方面，筆者察覺到有些經文的繙譯是不錯的，例如：

羅馬書十六章 6~8 節：「所以，說預言的，就該照著分配給我們的信心說預言；教導的，就該致力教導；勸勉的，就該致力勸勉；分配的，就該慷慨大方；督導的，就該懇切認真；對人慈悲的，就該歡欣樂意。」在 *NWT* ，譯者加上很多方括號，指出有很多字眼是額外加上的，但《新世界》卻把所有括號刪去。

歌羅西書三章 5 節：「所以，要治死你們在地上的肢體，根絕淫亂、不潔、性慾……。」；「根絕」一詞在原文是沒有的，但加上後，卻令內文較通順。

使徒行傳十九章 20 節：「這樣，耶和華的話語就不斷增長，大有能力，節節得勝。」（《和合本》「主的道大大興旺而且得勝」）；原文在這裏只有兩個形容詞語 ηὔξανεν καὶ ἴσχυεν（ *euxanen kai ischuen* ），但《新世界》用三句詞語繙出來，惟「話語就不斷增長」，卻是不太自然。

《新世界》亦不時採用某些四字詞語的譯詞，非常傳神，例如：「氣焰囂張」（林前四 6；西二 18；提前三 6）、「怒火中燒」（林後十一 29）、「喃喃埋怨」（林前十 10；腓二 14；猶 16）、「目無法紀」（彼後二 7，三 17）、「痲木不仁」（可三 5；弗四 18）、「囉囉唆唆」（徒十七 18）、「優哉游哉」（路十二 19）、「綽有餘裕」（弗三 20）、「剛愎自用」（提後三 4）、「居無定所」（林前四 11）、「烈焰騰騰」（帖後一 7）、「兩相情願」（林前七 5）、「能言善辯」（徒十八 24）、「年華方盛」（林前七 36）、「棄而不顧」（提前四 6）、「淸白無邪」（太十 16）。

4.1.2. 特別詞彙的問題

對於任何宗教經典，繙譯與該宗教信仰有關的詞彙是一個非常重要的環節，因爲詞彙結構簡短（只有幾個字），卻包羅著很豐富的意思，容易掌握，因此流傳壽命長，而且這些詞彙會往往成爲該宗教在禮儀和日常信仰生活上的用詞。在繙譯研究上，詞彙繙譯是不可忽視的。從這方面的研究，我們可以看到譯本的出處和根源，因爲絕大多數的繙譯都是建基在已有的譯本，要重新創作所有詞彙，是非常艱巨。況且宗教的本質之一就是其傳統性，對於一些會帶來與傳統有衝突的新意，宗教領袖往往會有抗拒。宗教經典既爲該宗教的經書，爲人人所誦讀，在信徒的生命中，經書的詞句已成爲生活的一部分，不容易更改。從《新世界》中，我們可以推測背後的參合版本，亦可探索出新創作的詞彙的由來。

1. 源於《和合本》和《新標點和合本》的基本詞彙

雖然《新世界》是新的「聖經」譯本，但由於在這譯本現世之先，大多數「耶證」人士均採用《（新標點）和合本》爲他們的聖經，因此絕大多數《新世界》的詞語都是採用這兩本譯本的；情況與《思高聖經》不同。在《新世界》書末的「聖經詞語索引」裏，有些條目更是提供《（新標點）和合本》和《新世界》的詞語對照，例如；「阿拉法」（見“阿爾法”），「福音」（見“好消息”），「保惠師」（見“幫助者”）等。

《新世界》的基本詞語與《（新標點）和合本》的有很多相同。名詞的有：「上帝」、「耶和華」（但這字詞沒有出現在《（新標點）和合本》的新約部分）、「聖靈」、「基督」、「彌賽亞」、「獨生（兒）子」、「阿爸」、「門徒」、「弟兄」、「使徒」、「天使」、「天使長」（但「亮光的天使」林後十一 14）、「祭司長」、「大祭司」、「魔鬼」、「別西卜」、「律法」（但「法律」在腓一 7 和來八 6）、「嗎哪」、「聖所」、「磐石」，以及一些喻意式用法的名詞，如「絆腳石」、「房角石」、「道路」、「肢體」、「暗礁」等。此外，還有十二使徒的名字，每卷書的書名，馬太福音一章 1~16 節家譜上的名字（除「蘭」和「烏西雅」外）。動詞方面有：「祝福」、「恩賜」、「恩典」、「揀選」、「肉體」、「恩慈」、「得救」、「割禮」、「蒙照」、「浸禮」、「產業」、「絆倒」、「被提」、「禱告」、「得救」、「復活」、「見證」、「祈求」、「旨意」。

2. 源於《新標點和合本》的專有名詞

我們都知道，《和合本》或《新標點和合本》不同的地方只是在標點符號和某些專有名詞（如人名和地方名）的音譯上面，至於其他詞句，兩本譯本大致上是相同的。經筆者翻查，在《和合本》與《新標點和合本》音譯上有出入的名詞裏，《新世界》全都採用《新標點和合本》的詞語。幾個很明顯的例子是（括號裏是《和合本》的字詞）：「尼哥德慕」（「尼哥底母」）、「凱撒」（「該撒」）、「凱撒里亞」（「該撒利亞」）、「撒馬利亞」（「撒瑪利亞」）、「美索不達米亞」（「米所波大米」）、「埃塞俄比亞」（「衣索匹亞」）、「阿拉伯」（「亞拉伯」）、「克理特」（「革哩底」）、「烏西雅」（「烏西亞」）等等。

3. 路加福音三章 23~38 節的家譜

《新世界》亦採用一些有別於《（新標點）和合本》的名字，筆者嘗試用路加福音三章 23~38 節的家譜指出幾點。除特別指示外，所有《和合本》（或《新標點和合本》）的譯詞均列在括號裏。

（一） 有些名字的譯法與《（新標點）和合本》不同，可能是因爲抄本的問題，如 33 節：「阿珥尼」原文是 **'Αρνί**（*Arni*），但《（新標點）和合本》的繙譯是「亞蘭」，其原文是 **'Αράμ**（*Aram*）（見 Nestle~Aland 的 *Novum Testamentum Graece* 的校勘欄）。

（二） 有些名字的譯法與《（新標點）和合本》不同，可能是要協調（ harmonize ）《（新標點）和合本》在繙譯上表面的矛盾，例如 25 節：「阿摩司」（「阿摩斯」，**'Αμώς** [*Amōs*]）一詞與舊約的《阿摩司書》相同，同樣，「那鴻」（「拿鴻」，**Ναούμ** [*Naoum*]）一詞與舊約的《那鴻書》相同。

（三） 有些名字的譯法與《（新標點）和合本》不同，顯然是 *NWT* 的希臘文底本問題： 30 節：「西滿」一詞是繙自 *NWT* 的 " Symeon "（ **Συμεών** [*Sumeōn*]），但該希臘文是與路加福音二章 25 節「西緬」（ *NWT* 繙成 " Simeon " ）的希臘文一樣。

（四） 有些名字有異於《（新標點）和合本》，可能是因爲 *NWT* 的緣故，如在馬太福音一章 1~16 節家譜中的「蘭」（「亞蘭」，**'Αράμ** [*Aram*]）是因爲 *NWT*（ *RSV/NRSV* 亦採用同樣譯詞）繙成「 Ram 」，這音譯可能是比較靠近原來的希伯來文（ **רם** [*ram*]）。類似的情況有： 26 節：「約西克」（「約瑟」，**'Ιωσήχ** [*Iōsēch*]）、「約達」（「猶大」，**'Ιωδά** [*Iōda*]）， 27 節：「約亞南」（「約亞拿」，**'Ιωανάν** [*Iōanan*]）。讀者會發現在這些地方，《新世界》的繙譯較《（新標點）和合本》更爲準確。舉例說，《（新標點）和合本》把 **'Ιωανάν**（ *Iōanan* ）繙成「約亞拿」，顯然是以爲該字是普通變格名詞（ declinable noun ），可能是來自 ’Ιωάν（ *Iōan* ）或 ’Ιωανά （ *Iōana* ），但其實 ’Ιωανάν（ *Iōanan* ）是一不變格名詞（ indeclinable noun ），因此在任何情況下，這字的詞形都是不變的。「約亞南」一詞的「南」字帶有鼻音，更準確地把 ’Ιωανάν （ *Iōanan* ）的最後音節譯出來。希伯來書七章 1~2 節的「撒琳」（「撒冷」，Σαλήμ [*Salēm*]）亦同屬這一類。至於在家譜中「耶穌」（ 29 節）一詞的繙譯便較具爭議性。雖然希臘文是 ’Ιησοῦς（ *Iēsous* ），但《和合本》的譯者可能是基於尊重「主耶穌」這名字的緣故，因此在繙譯上便採用另一音譯。在新約裏，’Ιησοῦς（ *Iēsous* ）也有指別的人物，而《和合本》均用別的音譯： 歌羅西書四章 11 節的「耶數」、使徒行傳七章 45 節和希伯來書四章 8 節的「約書亞」；在路加福音三章 29 節中出現的字較好的譯法亦應該是「約書亞」，因爲希臘文 ’Ιησοῦς（ *Iēsous* ）一字在《七十士譯本》裏均常用來繙譯希伯來文「約書亞」這名字。從繙譯的角度來說，因著「避諱」而導致不一致的繙譯是可理解和接納的，亦很自然。但有趣的是，在這幾段經文裏，《新世界》均採用「耶穌」一詞繙譯原來的 ’Ιησοῦς（ *Iēsous* ），毫不避諱。倘若《新世界》的譯者宣稱這些名詞是按原來希伯來文的發音而繙譯（「前言」，頁 1079 ），我們很難理解，爲何在這幾處地方，譯者不用「約書亞」這名字呢？是否有意貶低耶穌基督的神性呢？其實在 *NWT* 裏，譯者還是用 “ James ” （而不是 “ Jacob ” ）， “ Jude ” （而不是 “ Judah ” ）等譯詞。因此，所謂「原來希伯來文的發音」的繙譯原則是很不一致的。

（五） 有些名字的譯法與《（新標點）和合本》不同，是很難解釋的，因爲 *NWT* 的譯法與很多英文的譯法相同：例如：「希斯崙」（「希斯倫」）、「瑪勒烈」（「瑪勒列」）、「末大拉」（《和合本》「抹大拉」）；這些出入可能只是校對的問題。另外，有一些名詞可能是源於一般非宗教字典的繙譯，如「阿耳忒彌斯」（「亞底米」、 ᾿Αρτεμις [*Artemis*]），「阿索斯」(「亞朔」，᾿Ασσον [*Asson*]）。

從這短短的研究，我們可以看到《新世界》在繙譯字詞方面，除非《和合本》或《新標點和合本》的譯詞是有別於 *NWT* ，否則，《新世界》基本上是盡量根據《和合本》或《新標點和合本》。亦因爲《新世界》太過著重 *NWT* 而沒有對照原來的希臘文聖經， *NWT* 的一些不理想地方也流傳到這譯本裏。

4. 新譯的詞彙

《新世界》重譯不少詞彙。我們只可以按一些例子，比較不同的版本，嘗試追溯它們的出處，但這只是推測。這些譯詞可分爲兩類：一類可能是取自現行的中文譯本，如《（新標點）和合本》或《現代中文譯本》，然後加以修訂；另一類是重新創作。

（一）修訂的譯詞

在《新世界》的新譯詞當中，有不少是取材自《和合本》和《現代中文譯本》，然後加以修訂。通常修訂的方式是把原來（通常是《和合本》）的字眼白話化。在以下的例子，筆者先列出《和合本》或《現代中文譯本》（簡稱《現》）的譯詞，然後是《新世界》的譯詞：

「獨生子」：「獨生（的）兒子」（但見來十一 7）
「天國」：「天上的天國」
「奧秘」：「神聖秘密」（如弗一 9）
「道」：「話語」（如約一 1）
「羔羊」：「綿羊羔」
「博士」，「星象家」（《現》）：「占星術士」
「拉比」：「導師」（Ῥαββί [*rhabbi*]，但見約三 26）
「不朽」，「不朽壞」（《現》）：「不腐壞」
「官府」：「統治者」
「受造物」：「創造物」
「公會」，「（全）議會」（《現》）：「公議會」
「外監」，「拘留所」（《現》）：「公眾拘禁所」（徒五 18）
「稗子」：「雜草」（兩者明顯不同）
「施洗約翰」（《現》「施洗者約翰」）：「施浸者約翰」
「讒毀」：「低聲說長說短」
「福音」：「好消息」
「乾糧」：「固體食物」
「荒渺的言語」：「荒誕（的）故事」

大多數新修訂的譯詞是較自然，容易上口，新信徒亦容易明白；例如：「福音」一詞的意思可能已經僵化了，「好消息」比較現代；同樣「荒誕（的）故事」會比「荒渺的言語」容易明白。把 λόγος（*logos*）繙成「話語」是一頗大膽的嘗試，亦有其可取的地方，因爲原文的字義是強調說話的內容（或信息），而不是說話行動本身。有些字眼在修訂後是較準確，例如：「施洗約翰」一詞中的「約翰」

很容易被混淆，以爲是「施洗」的受詞，因此加了「者」一字便弄清楚兩詞語的關係。「施洗」和「施浸」這問題，見下面的討論。但對於有些修訂，筆者則覺得不太自然，並可能會產生誤解，例如：

「比喻」：	「喻例」
「醫生」：	「醫師」
「榜樣」：	「範例」
「在我／他裏面」：	「與我／他保持團結」（路十二 8；約六 56）
「永生上帝」：	「活上帝」（來十 31）
「話」：	「話語」（如羅十 8）
「人子」：	「人的兒子」
「光明之子」：	「光的兒子」
「家譜」：	（耶穌基督）的歷史書（太一 1），「家系記錄」（提前一 4）
「供物」：	「供獻」
「眾弟兄」：	「弟兄團體」（彼前二 17，五 9）
「生命冊」：	「生命書」（啓二十 15）；「生命卷」（啓十七 8，二十一 27）
「方言」：	「外語」（林前十三 8）
「文士」，	「經學教師」（《現》）：「公眾教師」（太十三 52，二十三 34）
「神蹟」：	「標徵」（約二 11；路十一 29；徒二 19）
「先知」：	「預言者」（太五 12，十三 57；林前十二 28）

在羅馬書十章 8 節，保羅引用希臘文《七十士譯本》的申命記三十章 12~14 節，把舊約的誡律詮釋爲他所宣講的信息，《新世界》把

內文的 ῥῆμα （ *rhēma* ）繙成「話語」（《和合本》譯「話」）是有點失去原意的，因為 ῥῆμα （ *rhēma* ）字義的重點是說話的「字眼」，與 λόγος（ *logos* ）不同，這明顯反映猶太人對律法的看法不單著重誡律的精神，而是其字面的意思。

把「人子」變成「人的兒子」顯然是把《和合本》的譯詞白話化。但在一般文章裏，這字所指的不是神明的兒子或動物的兒子，而是人的兒子；原來的希臘文並不是這意思。因此，這白話化的譯詞規限了某特定的意思，也相對地縮窄了原來希臘文所有的含義，失去原來「人子」這簡潔稱呼的靈活性（或含糊性）。同樣，「光的兒子」聽起來只會令人覺得神怪，意思並不清楚。

採用不同的名字「生命書」和「生命卷」來指相同的東西，是非常混淆的。雖然原文的確是不同的詞語： τῇ βίβλῳ τῆς ζωῆς（ *tē bibliō tēs zoēs* ）和 τὸ βιβλίον τῆς ζωῆς（ *to biblion tēs zoēs* ），但按上下文，兩者均指同一樣東西。這問題顯然是因為譯者太過追隨「一詞一譯」的原則，以致失去了原來的意思。

表面上，「外語」一詞較「方言」清楚，因為後者常指一語言的支語（ dialect ），而所謂「方言」的確是一種「外語」，但倘若把哥林多前書十四章 5 節繙成「我願你們所有人都說外語」，我們必定問，這是保羅的意思嗎？

馬太福音十三章 52 節和二十三章 34 節的 γραμματεύς（ *grammateus* ）不是指某些「公眾教師」或「經學教師」（好像是受薪的文士），而是泛指一些對猶太人聖經非常認識的人。希臘文 σημεῖον （ *sēmeion* ）一詞在約翰福音繙成「標徵」是可理解的（雖然筆者仍然覺得較好的繙譯是把「神蹟」放在正文，而「標徵」放在註腳），但把所有 σημεῖον （ *sēmeion* ）均繙成「標徵」，必定有問題（如路十一 29 ；徒二 19 ）。此外，把 προφήτης（ *prophētēs* ）（太五 12 ，十三 57 ；林前十二 28 ）繙成「預言者」完全誤解「先知」（《和合本》）在舊約和猶太人傳統的觀念，這亦可能反映繙譯的人對聖經的認識。

（二）新創作詞語

有不少譯詞是新創作的。創作的方式主要是以音譯爲主，但亦有取意譯的原則。以下是幾個例子：

「他連得」：　「塔連德」
「地獄」（《呂振中》譯「欣嫩子谷」）：　「磯漢拿」
「猶太」：　「猶地亞」
「猶太人」：　「猶地亞人」
「皇上」，「御」：　「奧古斯都」（徒二十五 21，二十七 1）
「奮銳黨」（《現》「激進黨」）：　「熱心者」
「奮銳黨」（《現》「激進黨」）：　「加拿尼人」（太十 4；可三 18）
「文士」（《現》「經學教師」：　「抄經士」
「（施）洗」：　「（施）浸」
「保惠師」（《現》「慰助者」）：　「幫助者」

有些例子顯然是音譯的緣故，例如：「磯漢拿」是繙自希臘文的 **γέεννα**（*geenna*）或是希伯來文的 **גינא** (*ge-hen-na*)。「猶地亞」是繙自原文 **'Ιουδαία**（*Ioudaia*）。在新約時期，-**αι**（*ai*）這音節是讀-i（如 fi̲t）。譯者爲了達到最「逐字式」的繙譯，採用一些較特別的字詞，如使徒行傳二章 14 節的「猶地亞人」（譯 **ἄνδρες 'Ιουδαῖοι** [*andres Ioudaioi*]），在十章 28 節和二十二章 3 節出現時，卻繙成「猶太人」。很明顯，兩個名詞是指同一班人。「奧古斯都」一詞原來是希臘文 **Αὔγουστος**（*Augoustos*）（見路二 1）的音譯，在使徒行傳二十五章 21 節和二十七章 1 節出現的字是 Σεβαστός（ *Sebastos* ），意思是「屬於皇上的」。《新世界》把使徒行傳二十五章 21 節繙成「奧古斯都」（這是因爲 *NWT* ），而在二十七章 1 節裏卻把同一個字繙成「皇上」。最好的繙譯是把兩處均繙成「皇上」（見《現代中文譯本》）。《新世界》的「熱心者」將原來帶有非常極端的政治黨派變成每信徒都想做到的屬靈人，有點可笑！而在馬太福音十章 4 節和馬可福音三章 18 節裏，把原文 Καναναῖος（ *Kananaios* ）音譯爲「加拿尼人」有誤導成分，讀者會以爲是某地方的人，但很多聖經學者都認爲這亞蘭文字是等同於希臘文的 ζηλώτης（ *zēlōtēs* ），指同一班人，亦即是《和合本》的「奮銳黨」或《現代中文譯本》的「激進黨」。「抄經士」只意譯原文 γραμματεύς（ *grammateus* ）的部分意思，《現代中文譯本》的譯詞則更佳。在哥林多前書一章 20 節，這字很明顯不是指猶太人當中的抄經士（或「文士」或「經學教師」），而是指一些有學問的賢士（參賽十九 11 ），但《新世界》卻很機械式繙成「抄經士」；《現代中文譯本》把這字繙成「博學者」是對的。

至於「施洗」和「施浸」這問題便較具爭議性。按字面的意思，「施浸」是表達得較清楚。但最關鍵的倒是，在聖經作者用 βαπτίζω（ *baptizō*）這字時（第一世紀末期），由於地理環境的限制，不少教會已執行非浸禮式的洗禮，因此這字的實質意思可能已改變了。「幫助者」這譯詞只把 παράκλητος（ *paraklētos* ）其中一個意思繙出來，如約翰福音十四章 26 節；但另一意思是特別指一位在法院向法官（在聖經指上帝）求情的律師或「中保」《和合本》（約壹二 1 ）。不注重意思，只跟著「一詞一譯」原則的繙譯，顯然是問題叢生。從某程度上，這些例子可以指出譯者對聖經和原文的知識，以及在審閱時的嚴謹性。

（三）上帝的名字：「耶和華」（YWHW）

最後，我們要看看在《新世界》裏出現 237 次之多「耶和華」一詞的繙譯。與此問題相同的是我們熟悉的「哈利路亞」，《新世界》繙成「讚美耶」（启十九 1、3、4、6）。把 ἁλληλουϊά（*hallēlouia*）的 ἁλληλοῦ（*hallēlou*）譯成「讚美」，實在比「哈利路」好得多（不了解基督教傳統詞彙的人會以為這是咒語），但把-ϊα（-ia）（原來亞蘭文的 יה [*yah*] 的字尾確是指耶和華）譯為「耶」，則是另一問題。英文的 *NWT* 面世時，不少評論大造文章，批評這繙譯；這可能因為牽涉到神明的名稱，而宗教經典對於神名稱的繙譯往往都是非常敏感的。

《新世界》附錄的首兩篇文章：「論《希臘語聖經》應否沿用上帝的名字（יהוה）（附十二塊殘片為證據）」和「在《基督教希臘語聖經》裏恢復上帝的名字。"耶和華"——希伯來語作 יהוה（英語字母作 YHWH 或 JHVH）」便是討論這個問題。兩篇文章是繙自 *The Kingdom Interlinear Translation of the Greek Scriptures*，頁 11~23 和附錄的頁 1148~1151。筆者按「耶證」的推論，撮錄以下幾點：

a. 所謂「四個字母」（英文是 Tetragrammaton），即 YHWH（יהוה），在希伯來文舊約聖經出現 7000 次之多（見頁 1522）。
b. 因為新約聖經是舊約聖經的「增補部分，是受靈示的，所以神名在希臘語文本中突然消失，看來很不一致了。」
c. 有幾份殘破的《七十士譯本》（亦即是譯於公元前第三世紀的希臘文舊約聖經）抄卷裏，隱隱約約出現這「四個字母」。
d. 因此，主耶穌和早期教會的信徒（特別是猶太人）必定有使用上帝的名字。
e. 因此，新約聖經的原稿必定有「四個字母」，但由於抄聖經的人不認識這「四個字母」就是上帝的名字，因此便用 κύριος（*kurios*）和 θεός（*theos*）來取代這「四個字母」。

f. 爲要恢復上帝的名字（即「四個字母」），譯者用十多本希伯來文新約聖經（由十四世紀至十九世紀均有）爲藍本，加在237處的經文裏。

筆者不想在這裏詳細考究「耶證」所提出的抄本問題，因此假設第二、三和四點是對的，但這都不能證明新約原稿必定有「四個字母」。至於第五點，可算是天大笑話，其含義是差不多整個教會歷史的聖賢全都是無知鼠輩，竟然連上帝的名字都不認識，反而（按「耶證」的看法）把那麼屬於異教的字眼（即 κύριος [*kurios*] 和 θεός [*theos*]）取替了上帝的名字；這假設是不可思議的。至於第六點，用幾本十四世紀至十九世紀的希伯來文譯本推論有上帝名字出現的經文，是荒謬的做法。其中一個例子是猶大書 14 節，經文是引用以希臘文原著的僞經以諾書六十章 8 節，《新世界》竟把文中的 Κύριος（*Kurios*）一詞繙成「耶和華」，但以諾書原是兩約之間的猶太人用希臘文寫的經典，假借舊約以諾這先賢的名字來作一些末世的教導。倘若這猶太人作者覺得需要用「耶和華」這名字，他必會採用；然而作者竟以 Κύριος（*Kurios*）取代，明顯這字並沒有如「耶和華見證人」所說的帶有異教的含義。《新世界》的譯者這種以偏概全的方法，可算是史無前例，毫無學術的嚴謹精神。

在整個問題裏，最重要的一點是（「耶證」亦承認），今天的學者根本不肯定這「四個字母」，即 YHWH（יהוה）的發音，但學者們都會肯定這字的發音不是如英文的 Jehovah 或中文的「耶和華」。傳統希伯來文的字型結構很特別，只有字音（consonant）字母，沒有母音（vowel）字母，在發音時，以希伯來文爲母語的（猶太）人很自然會加上母音（當然只對於已認識的字）；今天的母音音點

（vowel pointings）是源於第十一世紀。大概從主前三世紀開始，猶太人在誦讀聖經遇有 YHWH（יהוה）這字時，他們爲尊重上帝的名字，不直接讀這字，而讀另一字， adonay（意思是「主」，相等於希臘文的 **κύριος** [*kurios*]）。及至十、十一世紀，猶太人的學者爲更有效地抄寫聖經和幫助孩童學希伯來字（準確地留存希伯來文的讀音），採用了母音音點；大概在這期間，一些基督徒把 **a**d**o**n**a**y 一字的母音（即 a, o, a）套入了這「四個字母」裏，變成 **YaHoWaH**，後來演變成現在的 Jehovah（主要是透過 *King James Version*）。希伯來文學者推測，「四個字母」的發音最可能是 Yah-weh 。倘若「耶證」是要忠於原文，那麼，他們應採用 Yah-Weh 這發音，而不是「耶和華」。

從繙譯的角度來說，繙譯專有名字是較簡單的，除特別的情況外（如「加拿尼人」**Καναναῖος** [*Kananaios*]，見上面的討論），最容易是按音譯的原則[89]，所考慮的因素主要是聽覺果效，例如「流便」就不太好聽；一般來說，傳統的音譯是最好的，不宜諸多更改，因爲專有名詞是沒有具體意思的，這些名詞的主要功能是指向某事物或地方。因此，筆者覺得要把 **κύριος**（*kurios*）和 **θεός**（*theos*）的某些經文繙成「耶和華」，很難用對錯來說。當然只選擇性地繙譯某些地方是另一問題。但對於「耶證」，這是重要的事情，因爲如此可證明這名字在聖經的出處。「耶和華見證人」（Jehovah's Witnesses）這名字是守望台第二任總幹事 J．f．拉瑟福德（J.F. Rutherford）於 1931 年在俄亥俄州的哥倫布一國際性會友大會提出爲信徒的專稱（J.F. Rutherford, *The Theocracy* [Brooklyn, 1941],

---

[89] 話雖如此，音譯的原則也有多種，如英文或原文（希伯來文或希臘文）的讀法不同，廣東音或國語音的讀法也不同，在五十年代，黎金磐（William R. Leete）編的《基督教專名英漢字典》（上海廣學會出版，1950）便輯錄多本聖經的參考書和譯本對專名的不同譯詞。

pp.32~38）。因此，這可說是「耶和華見證人」企圖用聖經來爲自己辯證的另一個好例子。

4.1.3. 小結

研究一篇文本，我們可以從文本的兩個層面入手，即字詞的層面和句子的層面，後者包括句子與句子之間的關係和文體的特色等問題。《新世界》的特別詞彙源於《和合本》這一點是顯然易見的。普遍來說，特別詞彙（包括特別用詞和專有名詞）的靈活性低，不易重新創作，加上傳統已習慣了某詞彙的表達方式，亦是平常信徒在信仰生活上的慣用語。因此，《新世界》的特別詞彙是普遍基督教的信徒所熟識的。

至於一般詞彙和句子的風格，由於彈性大，靈活性高，變動性亦較高。在這方面，筆者覺得《新世界》在繙譯某些詞句上是有新意的，特別是四字詞句，與較傳統的譯本比較，如《和合本》和《新譯本》，《新世界》在這方面的確有可勝之處。或許這些較大膽的用詞，反映出「耶和華見證人」的中文聖經繙譯歷史淺，教會傳統的包袱和會眾的壓力不算大，況且，《新世界》的面世明顯是要建立自己的特色，因此在這方面有著一些較非傳統的嘗試。可惜的是，《新世界》最大的致命傷是採用那種所謂「一詞一譯」的逐字繙譯方式（concordant literal translation），這種原則只顧字面上的一致，完全忽略經文語境（context）的意思，以致在多處地方，繙譯變得生硬和不順暢，不少地方更把嚴肅的經文變成笑話。

當然，《新世界》的另一問題是釋經的問題，譯者變成護教士，經文的意思亦被污染了。這是我們以下要討論的主題。

4.2. 特別經文討論

「耶和華見證人」在教義上最大的特色是抹煞耶穌基督的神性，

而在新約聖經多處經文裏，筆者發現譯者故意在字眼上帶出他們的教義，這可算是他們最擅長的地方：耶證人士喜愛穿梭在希臘文的語法裏，尋找可能的空間，把原來不屬聖經的教義注入譯文中 ，然後再引經據典又借用原文作爲自證，這的確是很厲害的方法。因此在討論這些經文時，必須仔細翻查原文聖經，才可爲正統的教義申辯。筆者在下面主要針對幾段特別有關主耶穌基督的神性的經文來討論。

4.2.1. 約翰福音一章 1 節

「在開頭就有了話語，話語跟上帝在一起，話語是個神。」（《新世界》）

「太初有道，道與上帝同在，道就是上帝。」（《和合本》）

這段經文可算是「耶和華見證人」的招牌，亦是一段可以把正統基督教和「耶和華見證人」完全分開的經文。《新世界》的繙譯有兩個問題。

第一，「在開頭」這繙譯削弱了原文 ἐν ἀρχῇ（ *en archē*）的絕對性，即指最原始的開始（ absolute beginning ）。嚴格來說，這意思最主要不是由 ἐν ἀρχῇ（ *en archē*）這詞語表達出來，因爲同一詞語亦出現在腓立比書四章 15 節，指起初傳福音的時期，因此這詞語或 ἀρχή （ *archē*）這字詞並沒有帶出任何獨特的神學意思，是約翰福音一章 1~5 節所建立的語境（ context ），藉著某些字詞所蘊含的觀念如：「太初」、「道」、「上帝」、「做」（即「創造」）、「上帝藉著道（或祂的信息）」、「人」、「光」、「黑暗」等，把這段經文與希臘文《七十士譯本》的創世記第一章（特別是一 1 ）串連出來。《現代中文譯本》把這句子繙成「宇宙被造以前，道已經存在」更是淸楚。《新世界》之所以這樣繙譯主要原因是在原文裏沒有一個定冠詞。但在希臘文裏，出現在介詞短語（ prepositional phrase ）中的名詞，雖經常缺少定冠詞，但卻有定冠詞一般的意思，例如：希伯來書十章 31 節中的εἰς χεῖρας θεοῦ ζῶντος（*eis cheiras theou zōntos*），θεοῦ（*theou*）是沒有定冠詞的，但卻是特指上帝。參 *NWT* 的 "into the hands of *the* living God"；同樣，《新世界》的「落在活上帝手裏」。

第二，亦是最重要的問題，「話語是個神」這繙譯完全忽視經文的原意。《新世界》附錄中的第三篇文章正是討論這問題，其主要重點有二：（1）原文的句子（θεὸς ἦν ὁ λόγος [*theos ēn ho logos*]）是屬謂語結構（predicate construction），而「神」（θεός [*theos*]）是一個沒有定冠詞的謂語名詞（predicate noun），因此，作者在這經文是要指出這「道」或「話語」的一種特質，但並不表示他就是上帝本身；（2）因爲在其他類似有謂語結構的經文，大多數英文譯本均在這類謂語名詞（如這裏的「神」）加上一個不定冠詞（indefinite article），即 "a/an"，因此，在約翰福音一章 1 節裏，我們同樣可以加上一不定冠詞。

雖然第一點是較複雜，但從「耶和華見證人」的立場，第二點是建基在第一點上，因此筆者亦按此次序討論。傳統的討論是引用所謂「科爾韋爾的規則」（Colwell's Rule）來作辯證。這位任教於芝加哥大學的經文鑑別學大師 E．C．科爾韋爾（Ernest C. Colwell）在 1933 年寫了一篇文章，命爲 "A Definite Rule for the Use of the Article in the Greek New Testament"（*Journal of Biblical Literature*, 52: 12~21），主要討論新約聖經的定冠詞在謂語結構中的特別用法。科爾韋爾指出，定冠式謂語名詞（definite predicate noun）通常都有一前置的定冠詞（注意：希臘文並沒有不定冠詞），這一類結構的詞序（word order）通常是：名詞謂語置在動詞的後面，例如：約翰福音一章 4 節的 ἡ ζωὴ ἦν τὸ φῶς τῶν ἀνθρώπων（*hē zōē ēn to phōs tōn anthrōpōn*），τὸ φῶς τῶν ἀνθρώπων（*to phōs tōn anthrōpōn*）

是謂語名詞（或謂語名詞短語），帶有定冠詞，並置在動詞 ἦν（ēn）後面。由於詞序的變化，謂語名詞有時會有例外；這些情況可歸納爲以下三種：

（1）置於動詞之前的定冠式謂語名詞通常沒有定冠詞；例如，約翰福音一章1節這句子；

（2）專有名詞的謂語通常沒有定冠詞；例如，約翰福音一章42節的 Σὺ εἶ Σίμων（*Su ei Simōn*）；

（3）在從屬句子（relative clause）裏，無論主格的謂語名詞是帶有定冠詞與否，這名詞通常在動詞後面。

文法規則並非定律，乃是學者觀察某語言的運作和現象所得到的結論，很多時候都有例外；例如，約翰福音一章20節的 Ἐγὼ οὐκ εἰμὶ ὁ Χριστός（*Egō ou eimi ho Christos*）明顯是第二點的例外了，因爲 ὁ Χριστός（*ho Christos*）是專有名詞但卻帶有定冠詞。然而，「科爾韋爾規則」的確幫助我們解決許多問題。在1950年出版的 *NWT* 裏有一詳細附頁，引用約翰福音中三十五段經文和舊約希臘文《七十士譯本》多處經文爲約翰福音一章1節的繙譯作出辯護，但讀者均可以引用「科爾韋爾的規則」推翻這些經文；在1961年出版的 *NWT* 合訂版已把這些經文刪除了。

不過，筆者在最近亦嘗試研究希臘文謂語結構的問題，發現問題並非如科爾韋爾所得出的結論那麼簡單，有以下幾點值得注意：

（1）科爾韋爾基本的著重點只在以 εἰμί（*eimi*）爲動詞的謂語結構，而忽略以其他動詞如 γίνομαι（*ginomai*），更有些謂語的動詞只在字尾表達出來，例如 -ιζω（*-izō*）、-αω（*-aō*）、-εω（*-eō*）、-οω（*-oō*）所組成的動詞。

（2）謂詞結構不只有一種，科爾韋爾把所有謂語結構歸爲一大類，稱爲謂語名詞（專稱爲 Predicate Nominals），學者發現在語言結構研究上，不同的謂語結構可帶有不同的語法特徵；其他的謂語結構有形容式謂語（Predicate Adjective /Attributive）、等同式謂語（Predicate Equation）、地方式謂語（Predicate Locative）和存在式謂語（Predicate Existential）。

（3）科爾韋爾的討論沒有詳細考慮詞序變化的因素，如強調、問題和直述句子的不同等。

筆者較贊同把 θεός（*theos*）一詞當作形容性質處理，表示「道」的特質，因此比較喜歡莫法特（Moffatt）（“the Logos was divine”）或古德斯皮德（Goodspeed）（“the Word was divine”）的繙譯。但是，這並不等於本人（或莫法特和古德斯皮德）贊同「耶和華見證人」的結論，因爲「耶證」的第二點顯然是跳了一步。贊同 θεός（*theos*）是形容「道」的特質，並不等於可以把 θεός（*theos*）繙成「個神」或“a god”。由於希臘文並無不定冠詞（indefinite article），如英文“a/an”，因此要解釋一個沒帶有定冠詞的名詞，必須特別小心，留意上下文的意思。在這一節，把 θεός（*theos*）繙成「個神」或“a god”是完全抹煞上下文的意思。作者在這二節經文裏以三句句子，用交叉式（chiastic）的排列方式把 **λόγος**（*logos*）的神性與上帝（或耶和華）的屬性掛鉤，然後再用第二節總結第一節三句句子的信息，要帶出「道」的「時間上的絕對性」和「與三位一體的上帝的關係」：

節一　Ἐν ἀρχῇ ἦν **ὁ λόγος**（*En archē ēn ho logos*）
　　　καὶ **ὁ λόγος** ἦν πρὸς τὸν θεόν（*kai ho logos ēn pros ton theon*）
　　　καὶ θεὸς ἦν **ὁ λόγος**（*kai theos ēn ho logos*）

節二　**Οὗτος** ἦν ἐν ἀρχῇ πρὸς τὸν θεόν（*Houtos ēn en archē pros ton theon*）

倘若 **λόγος**（*logos*）不等同文中的 θεός（*theos*），那麼 **λόγος**

（ *logos* ）則有上帝同等神性和獨特的屬性。三位一體的教義是無可厚非的，而「耶和華見證人」在這一點上顯然是錯的，正統基督教亦憑這一點把「耶和華見證人」視爲異端。但這教義不是建基在一節經文上，而是整本聖經的教導。筆者的理解是，約翰福音的作者有意把「道」和「上帝」分開，但另一方面，作者在這序言（一 1~18 ）說明這「道」，即「主耶穌基督」，是惟一的一位完全把那三位一體的上帝彰顯出來。因此，這序言的主旨是在第 18 節：

原文：Θεὸν οὐδεὶς ἑώρακεν πώποτε; μονογενὴς θεὸς ὁ ὢν εἰς τὸν κόλπον τοῦ πατρὸς ἐκεῖνος ἐξηγήσατο （ *Theon oudeis heōraken pōpote; monogenēs theos ho ōn eis ton kolpon tou patros ekeinos exēgēsato* ）

中譯：「從來沒有人見過上帝，只有與天父非常親近的（那位）特別（或獨生）的上帝將祂顯明出來。」

英譯：“ No one has ever seen God. It is (the) only (or in a uniquely way) God, who is close to the Father's heart, who has made him known.”

這裏有幾個重點要特別留意：

（ 1 ）文中出現「上帝」／「神」一字有兩次，所指的對象均不同：第一次是指這位「三位一體」的上帝，或可說是猶太人所熟悉的「耶和華」；而第二次是指「耶穌」。在這節的「父」亦非等同「上帝」或「耶穌」，但三者的關係非常密切。

（ 2 ）大部分聖經譯本都跟隨第四世紀的《拉丁文武加大譯本》及英文聖經的鼻祖《英皇欽定本》，把 μονογενής（ *monogenēs* ）理解爲「獨生的」；然而這字的意思應是「獨特的」，因爲 μονογενής（ *monogenēs* ）的動詞部分的字根-γεν-（ *-gen-* ）並沒有帶有「誕生」的意思。

（ 3 ）第二次出現的 θεός（ *theos* ）「上帝」有一異文：有些較後期

古卷的抄寫員爲方便理解，把這字（θεός [*theos*]）改爲「兒子」（υἱός [*huios*]），這更動可謂由《拉丁文武加大譯本》開始，以致二十世紀前幾乎所有的中英文譯本，都一直沿用著，而只在註腳提到有早期的古卷是有「神」這字詞。直至現代的英文譯本，有譯作“The only Son, who is the same as God and ...”《Today's English Version》或譯作“The only Son, who is truly God and ...”《Contemporary English Version》，明顯可見其務使希臘原文與傳統釋經諧協的努力，既保存了「獨生子」這傳統所理解的，又強調了原文 θεός 所表明「上帝」的身分。

（4）**τὸν κόλπον τοῦ πατρός**（*ton kolpon tou patros*）在《和合本》譯爲「在父的懷裏」是一句習用語，描繪筵席中座位最接近主人的客人，主客雙方的座位距離愈近，表示他們的關係愈親密和重要；這句話並不是描畫一幅母親乳養小孩的圖畫。

這一節的信息是非常清楚的：從來沒有人見過眾人所認識的耶和華（或基督徒所稱的三位一體的上帝），但約翰將要介紹的這位耶穌，其實就是與天父有密切關係的「神子耶穌基督」，這位神子成爲人（一 14），爲要把這位耶和華彰顯出來。很明顯，聖父、聖子與聖靈是有別的，每一位與三位一體的上帝也有別，但整本聖經（特別新約聖經）明確指出三位一體的上帝中的三位位格是有同等的權柄。

4.2.2. 歌羅西書一章 15~17 節

「他是那位不能見的上帝的形像，是一切創造物裏的頭生子；因爲**其他**一切，天上的和地上的，能見的和不能見的，無論是寶座，是主位，是政府，是當權者，都是藉著他而創造的。**其他**一切，都已經藉著他，爲了他而被創造。他比**其**

他一切先存在；**其他**一切都是藉著他才得以存在的。」(《新世界》)

「愛子是那不能看見之上帝的像，是首生的，在一切被造的以先。因爲萬有是靠祂造的，無論是天上的，地上的，能看見的，不能看見的，或是有位的，主治的，執政的，掌權的，一概都是藉著祂造的，又是爲祂造的。祂在萬有之先，萬有也靠祂而立。」(《和合本》)

這一段經文有非常濃厚的神學味道，因此在繙譯時須特別小心處理，有兩個繙譯的問題要特別留意。

(1)《新世界》在這幾節經文故意加上「其他」一詞，是所有抄本都沒有的字詞，其動機是要把主耶穌列入受造物之中。讀者念這節時，必須留意當中的邏輯問題：倘若一切都是藉著他造的(如《和合本》)，在釋經上便完全沒有空間，但一旦加上「其他」一詞，其中可以包括的含意是：「其他一切」暗示「除了耶穌之外的其他一切受造物」，換句話說，耶穌亦可能是受造物，只不過他是第一位受造物而已。在 *NWT*，"other"一詞是放在方括號內，意即上下文所暗示的，但在《新世界》，「其他」一詞卻屬於正文。在 1951 年出版的 *NWT* 裏，譯者有以下的解釋：原文 πάντα (*panta*)「一切」在多處經文裏均可繙成「其他一切」，如路加福音十三章 2、4 節：「比(其他)所有加利利人更有罪嗎？」，「比(其他)所有居住在耶路撒冷的，欠更多債嗎？」。但在這兩節經文中，耶穌所要比較的兩班人明顯是同類，所以加上「其他」是無問題的，但在歌羅西書一章 16 節，「其他」一詞的含義便把耶穌列入「萬物」之中，故絕不能隨便加上。這就等於將「他比貓狗聰明」一句，刻意譯爲「他比**其他**貓狗聰明」，則無言中已將「他」降格爲貓狗了。「耶證」的繙譯正出在其將耶穌與萬物視爲「同類」這前設上。

（2）第二個問題是牽涉第十五節下半節的釋經和繙譯，原文是 πρωτότοκος πάσης κτίσεως（*prōtotokos pasēs ktiseōs*）。按希臘文的語法，πάσης κτίσεως（*pasēs ktiseōs*）一詞是所有格，意指「萬物」或「所有被造物」，在這裏是用作比較者。πρωτότοκος（*prōtotokos*）是主格，指 15 節上的「上帝的形象」，即主耶穌。希臘文的所有格短語中所表達的關係是非常廣泛的（亦可說是含糊），釋經和繙譯的人必須要細看上下文義。沒錯，所有格可以表達比較的關係，正如這裏所表達的主耶穌是比萬物爲先的關係，但《新世界》的譯者卻以這所有格的「萬物」表達一範圍，而主耶穌的「首生」則只是萬物中的首生，如此理解，耶穌就形同萬物中的一員，與萬物同類。就如前一點，這亦是另一好例子引證「耶證」人士如何穿梭希臘文的語法，尋找空間把原來不屬聖經的教義注入譯文。單從希臘文的語法來說，《新世界》的繙譯並非是不可能，如此便將原來比較性的含義改爲涵括性，即將句義改爲「他是貓狗中最聰明」，結果「他」即變成了貓狗！但從下文（西一 16~17）來看，這明顯是抹殺文義，因爲經文承認耶穌無論在時間或等級上都是超越萬有的，彼此根本是「不同類」的；然而，雖不同類，仍可作比較，就如「人比禽獸有智慧」一樣，是絕對可以理解的。

第 16 節已說明在存在界裏，無論是有形或無形的，都是藉著他而造的；第 17 節中 πρὸ πάντων（*pro pantōn*）是回應第 16 節，指出這「首生的」在時間上或等級上是超越萬有的。而第 18 節則指出他與教會及信徒的關係。由於全段經文（一 1~20）均繫連在第 15 節裏，πρωτότοκος（*prōtotokos*）一詞的意思不能忽視。這複合名詞是由 πρωτ-（*prōt-*）介詞前綴（prepositional prefix），即「首先，首要」等意思，和 τοκ-（*tok-*）動詞字根（源自 τίκτω（*tiktō*））所組成。這複合詞在新約聖經裏只出現八次，當中有二次是字面的意思，即一個家庭裏頭生的兒子（路二 7；來十一 28），而在另外六次裏，均帶有喻意式意思。從語意研究來說，某字詞的「喻意式意思」（figuraive meaning）經常是把「字面意思」（literal meaning）的某部分抽象化或意象化（imagery）。在這六次的喻意式用法裏，只有一次不是指主耶穌，我們可從這節經文入手。希伯來書十二章23節：「有名錄在天上長子之會所共聚的總會，有審判眾人的神和被成全之義人的靈魂」，當中「長子」的喻意用法是清楚的，但是哪一部分的字面意思被抽象化或意象化呢？是男孩嗎？顯然不是，否則，天上便只有男丁了！是一家庭裏頭生的孩子嗎？顯然不是，否則，一個家庭便只有一個孩子可以得救了！重點是長子的「身分」：「是（將來）承受產業的人，甚至可能帶有蒙上帝特別揀選的味道，因爲猶太人覺得長子是蒙上帝加倍賜福的人」。另一段經文亦可作爲借鏡：在同一段經文裏（十二16），作者描述以掃「因一點食物把自己『長子的名分』賣了」，其中「長子的名分」的原文是 **πρωτοτόκια**（*prōtotokia*），與 **πρωτότοκος**（*prōtotokos*）同屬一詞組，因此兩字詞的意思非常相近，雖然經文裏似乎是要帶出「長子」這字面的意思，但事實上，其重點不是在「長子」這血統關係的身分，因爲無論以掃有否出賣這名分，雅各永遠都是以掃的弟弟，重點是在長子承受產業這福分的「身分」、「名分」或「權利」（《新世界》亦繙成「頭生子的『權利』」）。同樣，在 **πρωτότοκος**（*prōtotokos*）喻意用法的經文裏，至少有三次是帶有這意思的：羅馬書八章29節、歌羅西書一章15節和希伯來書一章6節。而另外兩節經文（西一18和啓一5），亦可理解爲這意思。但由於這兩節經文裏均出現一介詞短語 **ἐκ τῶν νεκρῶν**（*ek tōn nekrōn*）「從死裏」（《新世界》的「從死人中」是過於字面的繙譯），筆者認爲這兩節經文可能帶有另一種喻意，其重點是在「最先」或「第一」，是指耶穌基督是第一位戰勝死亡，第一位真正從死復活過來的那一位，而所有信徒會跟隨著祂的腳蹤。

《和合本》的譯詞「首生的」所表達的意思與《新世界》頗爲接近，不過《和合本》把 **πάσης κτίσεως**（ *pasēs ktiseōs* ）「萬有」這所有格的詞語變成另一短語：「在一切被造的以先」，補充和修正「首生的」一詞的誤導之處。《新譯本》的繙譯「……是首先的，在一切被造的之上」，可能會帶來不良的效果，因爲「首先」一詞沒帶有名詞，「耶和華見證人」可藉此理解爲「首先被造的，在一切被造的之上」。《現代中文譯本》把整個結構繙成「是超越萬有的長子」，既簡潔又清楚，但「長子」似乎未能把其喻意表達出來。

保羅之所以要在書信中提到這些有關基督教義的問題，正是在教會當中，有些領袖受當時的諾斯底派哲學思想影響，提倡耶穌只不過是第一個受造物，是神和人之間眾多中保中的一位。這些思想與今天「耶和華見證人」的教導大同小異。

4.2.3. 加拉太書一章 1 節

> 「我保羅做使徒，不是出於人，也不是憑著某個人，而是憑著耶穌基督，又憑著使他從死人中興起的父親上帝。」（《新世界》）
>
> 「作使徒的保羅，不是由於（ **ἀπό** ）人，也不是藉著（ **διά** ）人，乃是藉著（ **διά** ）耶穌基督，與叫祂從死裏復活的父上帝。」（《和合本》）

保羅在加拉太書最重要的信息之一是要爲自己的身分申辯，因此保羅在信的開頭便刻意將屬於人和屬於神的分開，而主耶穌是與上帝並列一起。雖然《新世界》的繙譯（「又憑著……」）故意把「耶穌基督」和「父上帝」分開，但原文只有一個介詞 **διά** 連起這兩個詞語（ **διὰ Ἰησοῦ Χριστοῦ καὶ θεοῦ πατρός**〔 *dia Iēsou christou kai theou patros* 〕），明顯表示二者的密切關係。我們知道保羅在未信主之前是接受非常保守和嚴謹的猶太人拉比訓練，一神觀念可算是最中心的教義（十誡的第一條）。保羅在這裏竟把耶穌基督和上帝連在一起，很明顯是因爲保羅已把主耶穌包羅在他一向所認信的一神觀念裏，成爲上帝的另一位格。或許更爲重要的是，保羅從沒有刻意證明這觀念，因爲這是教會內的人都接納的，連敵對保羅的猶太黨信徒（ Judaizers ）也不會因爲這一點而攻擊他。在新約聖經裏，攻擊這教義的全是受希羅哲學（特別是諾斯底派）影響的信徒（參腓立比書，歌羅西書，約翰壹書）。由此可推想耶穌基督的神性在早期教會裏是頗受接納的；對於當時的猶太信徒，他們從不懷疑主耶穌的神性，亦不會因爲這點而影響猶太人傳統的一神觀念。

4.2.4. 約翰福音十章 30 、 38 節

> 「我跟父親是合一的。……父親跟我團結，我也跟父親團結……」（《新世界》）
> 「我與父原爲一。……父在我裏面，我也在父裏面……」（《和合本》）

最重要和明顯的證明是在福音書中都記錄耶穌自己的自白，更能配合作者原意的繙譯可能是「我與父親是一體的」。約翰福音的作者爲要帶出耶穌的神性，詳細指出猶太人拿起石頭打耶穌的原因：「我們要用石頭打死你，不是由於優良的作爲，而是由於你說褻瀆的話，因爲你不過是人，竟然自命爲神」（ 33 節，《新世界》）。按照情理，倘若「我跟父親是合一的」這句話的意思只是指耶穌和上帝是有同一個目標，就如《新世界》故意淡化這意思，猶太人不需要這樣激動。很明顯，耶穌的用詞（很可能是用亞蘭文）是清楚指出自己是與上帝同等的。同樣，第 38 節是總結第 30 和 33 節的討論，《新世界》繙成「父親跟我團結，我也跟父親團結」，但原文 ἐν ἐμοὶ ὁ πατὴρ κἀγὼ ἐν τῷ πατρί（ *en emoi ho patēr kagō en tō patri* ）的意思是指一種互相結連，兩者有一種不可分割的關係。《新世界》很有系統地用「團結」這詞貶低這種關係，但在十四章 9~10 節（內文的結構與十 38 非常相似），這替換使耶穌給腓力的回答變得答非所問：「誰看見了我，就是看見了父親。……你們不相信我跟父親團結，父親也跟我團結嗎？」

4.3. 小結

在牽涉到「耶證」教義的經文，我們經常可以看到《新世界》的譯者們修改原意的痕跡。例如：腓立比書一章 23 節原是保羅在選擇「離世」或「留在世上」時，表明自己肉體的意願是希望「離世與基督同在」，但因爲「耶和華見證人」不相信有靈魂不滅這回事，所以在腓立比書一章 23 節裏，「我爲這兩件事承受壓力，但我所切望的其實是釋放，能跟基督在一起，因爲這確實好得多」，把 ἀναλῦσαι（ *analusai* ）一詞繙成「釋放」。但很明顯，這樣繙譯只會令經文的內容很不一致，爲何保羅可以在釋放後見到基督呢？很多像這一類的修改，譯者只會更改某些顯著的字眼，但卻更改不到上下文的意思。因此，信徒只須仔細閱讀，留意上下文義，便可以找到《新世界》的破綻。

以上幾段經文的討論均集中在耶穌基督的神性上，因爲這是正統基督教和「耶和華見證人」最重要的不同之處。從歷史的角度來看，我們可以說「耶證」是現代的「亞流主義」。按「耶證」的教義，基督在未成爲人之前是一個「靈物」（ spirit-creature ），名叫「米迦列」，亦是耶和華所創造的萬物當中的第一個，藉著這「靈物」，耶和華創造了宇宙萬物。這「靈物」借耶穌這人物的身體出現在世上，因此耶穌只是歷史上的人物，並沒有上帝的屬性。耶穌之所以可以爲世人而死，是因爲祂沒有過錯，不像亞當曾經犯罪。因爲耶穌那種順服至死的生命，在祂死後，耶和華賞賜祂的靈魂有上帝的本性。但是耶穌從不與耶和華平等，亦不與耶和華一同存在。「耶證」引用聖經來證明自己的教義，如今，他們有了自己的「聖經」，更能有條理地自證了。不過，耶穌基督的神性的教義是正統基督教的核心教義，是整本聖經所認定的教義，除非「耶證」改寫聖經，否則這些教義斷不會因幾段經文而有所變動。筆者覺得最有趣的是，從新約聖經作者引用舊約的經文中可以看到「耶證」對耶穌的認信，特別是《新世界》把「耶和華」取代了原來的「耶穌」和「主」。試舉幾個例子，經文全選自《新世界》：

a. 最明顯的是保羅在羅馬書十章 9 、 13 節引用約珥書二章 32 節，指到求告主耶穌的就是求告耶和華：「你如果公開聲明『你口中的話語』，認耶穌爲主，心裏信從，相信上帝使他從死人中興起，就可以得救。……因爲『凡呼求耶和華名字的人，都會得救』。」

b. 耶穌在猶太人中行了很多神蹟，但他們仍然不相信他，所以作者在約翰福音十二章 38~41 節引用以賽亞書六章 1 、 3 、 10 節，指出先知以賽亞所說的預言不但應驗在主耶穌身上，更因爲以賽亞看到主耶穌的榮耀而說這預言：「這樣，預言者以賽亞的話就實現了，他說：“耶和華啊，我們所聽見的，有誰信從呢？耶和華的臂膀向誰啓露呢？”他們不能相信，是因爲以賽亞又說：“他弄瞎了他們的眼睛，叫他們的心剛硬，免得他們眼睛看見，心裏明白，回轉過來，就蒙我醫治。”以賽亞說這些話，是因爲看見他的榮耀，就講論他。」

有關「三位一體」的經文，弟兄姊妹可以參考任何論述基督教教義的書籍。一本在這方面非常實用的參考書是筆者主編的《主題彙析聖經》（基道出版社， 1997 ）。讀者可翻到有關「耶穌的神性」或「三位一體」的部分，便可找到很多有力支持這些重要教義的經文。

從以上的討論，我們可以看到這譯本並非旨在提供一本可靠的中文譯本給信徒，而是好像 *NWT* 一樣，要將「耶證」傳統的教義，透過繙譯融入「聖經」的文本裏，好使這些教義可藉著聖經的權威找到立足的地方。我們在以下的篇幅會有更詳細的討論，但在這裏我們已體驗到，藉著「聖經」繙譯而把經文「神學化」、「教義化」，甚至是「異端化」，的確是一種非常有力的辯證和護教手法，也因此令到一般信徒感到無所適從。要有「對話」，必須先有「共通點」（common ground）。「耶證」的譯本面世之先，所有篤信聖經是有至高權威的信徒，包括正統基督教教會的信徒和「耶證」人士，可以採用現行教會都接納的某聖經譯本（如中文的《和合本》，《新譯本》或《現代中文譯本》，或英語的 *King James Version*，*American Standard Bible*〔這兩本均是早期「耶證」常用的譯本，主要原因是因爲這兩個譯本的舊約部分均有用「耶和華」這名字〕，*New Revised Standard Version*，*New International Version* 或 *Today's English Version*）作爲公認經文。從而討論不同的詮釋方法或做神學的前設。但如今，「耶證」的譯本面世後，共通點失去了，難道要翻原文聖經去討論不同的立場？但大多數信徒或「耶證」人士的能力又未及於此。這情況不但會令到誠懇的對話和討論更加困難，更必定把辯證「勝敗」的關鍵從比較客觀的經文討論轉移到非常主觀的因素，如口才、辯證能力，以及非常專業性的斷章取義式的經文套用等等。教會裏有心志與「耶證」人士對話的信徒若不小心，不了解「耶證」的譯本問題，便很容易被騙，自身難保了。

最後，筆者僅用約翰壹書四章 1 節的經文互相提醒：

「親愛的，受靈示的言論，你們不可盡信，倒要試驗這些受靈示的言論，看看是不是源於上帝的……」（《新世界》）

主要參考註解書目

Elliot, Rich, ed. The Encyclopedia of New Testament Textual Criticism at <http://www.skypoint.com/~waltzmn/>.

Simon Greenleaf University

Seid, Timothy W., ed. “Interpreting Ancient Manuscripts Web” at <http://www.stg.brown.edu/projects/mss/overview.html>.

Religious Studies Department, Brown University, revised edition, 1996.

對於那些能接觸到互聯網（World Wide Web）的讀者來說，此網頁在新約經文鑑別學上，可謂提供了相當超卓的概覽，且兼顧文本、圖片和實際應用方面，其研究的焦點主要集中在古代手抄本，那亦即是建構新約的基礎。

Tauber, James K., ed. “Electronic New Testament Manuscripts Project” at <http://www.entmp.org/>.

這網頁是一個剛剛展開的長期計劃，那是一群國際學者自願的努力，目的是將新約手抄本上網。這計劃目前仍在實驗階段，試圖從小部分的手抄本開始，爲整個計劃奠下根基，一旦根基奠定，計劃將全面展開，這網頁甚至能提供搜尋功能，讀者可隨時歸納出有關某一經節（例如約翰福音三章 16 節）的手抄本。有興趣的人士可訂閱有關的討論細目。

另一份於 1996 年才開始發行的電子期刊，同樣是相當有分量的：

TC: A Journal of Biblical Textual Criticism at

<http://scholar.cc.emory.edu/scripts/TC/TC.html>

Aland, K. and Aland, B. *The Text of the New Testament*, transl. by E.F. Rhodes German *Der Test des Neuen Testaments*. Eerdmans and E.J. Brill, 1987; second edition, revised and enlarged, 1989.

在此課題上，這可算是最新和詳盡的綜論。

Aland, K. *Kurzgefasste Liste der griechischen Handschriften des Neuen Testaments I, Gesamtübersicht, Arbeiten zur Neutestamentlichen Textforschung I.* Berlin / New York : 1963.

這是有關希臘文抄本最詳盡的參考書目，詳列每個抄本的年期、內容、大小、書寫材料、每頁的行數、每頁的欄數和圖書館目錄編號。明斯特學院（ the Münster Institute ）陸續出版了一系列的補篇，名爲 *Bericht der Stiftung zur Fördering der Neutestamentlichen Textforschung* 。

Black, D.A. *New Testament Textual Criticism: A Concise Guide*. Grand Rapids, MI: 1994.

這書能將此課題的資料作簡潔的鋪排，可讀性高，學生若不能一下子消化較廣博的綜論，諸如亞蘭氏（ Alands ）和梅氏（ Metzger ）之作，此書當更適合。

Birdsall, J. Neville. "Recent History of New Testament Textual Criticism (from WESTCOTT and HORT, 1881, to the present) in *Aufstieg und Niedergang der römischen Welt* II. 26.1. Edited by Wolfgang Haase. Berlin: de Gruyter, 1992.

長達九十多頁的文章，學術味道非常濃厚。

Comfort, P.W. *Early Manuscripts and Modern Translations of the New Testaments*. Wheaton, IL: Tyndale, 1990.

此書對早期的蒲草抄本（大楷體抄本除外）作詳盡的介紹和評鑑，且編列許多有現代譯本作根據的異文，雖然有時流於誇大，但亦不失是一豐富參考資源。

Epp, E.J. "Textual Criticism." In *The Testament and Its Modern Interpreters*. Ed. by E.J. Epp and G.W. Macrae. Atlanta, GA: Scholars, 1989. Pp.75~126.

此書在經文鑑別學的綱目編排上，可算是相當精細和進步。

Epp, Eldon Jay and Fee, Gordon D. *Studies in the Theory and Method of New Testament Textual Criticism*. Studies and Documents 45. Grand Rapids: Eerdmans, 1995.

在經文鑑別學原理和方法論的研究上，此書可謂是相當專門和重要的貢獻。

Ehrman, Bart D. and Michael W. Holmes, eds. *The Text of the New Testament in Contemporary Research*, in Studies and Documents 46. Grand Rapids, MI: Eerdmans, 1995.

這是一本卓越的專文結集，編集了大部分有關新約經文鑑別的新近專論，可謂是進深研究的必備參考。

Ehrman, Bart D. *The Orthodox Corruption of Scripture: The Effect of Early Christological Controversy on the Text of the New Testament*. Oxford University Press, 1993.

對那些因早期教會於基督論分歧而造成的異文，本書作了一深入的討論。

Elliott, Keith and Ian Moir. *Manuscripts and the text of the New Testament: An Introduction for English readers*. T & T Clark, 1996.

這是一本有關新約文本的概論，適合一般學生和讀者之用，其中更列舉了許多英文譯本中的例子，揭示出譯本、希臘文版本和手抄本之間的不符之處。

Elliott, Keith. *A Bibliography of Greek New Testament Manuscripts*. SNTS Monograph Series 62. Cambridge University, 1989.

此書雖然不及亞蘭的 *Kurzgefasste Liste I* 全面，但卻是一些重要希臘文抄本的較近期和極簡潔的參考書目。

Fee, G.D. "The Textual Criticism of the New Testament" in *Biblical Criticism: Historical, Literary, and Textual*. Edited by R.K. Harrison, *et al.* Grand Rapids, MI: Zondervan, 1978. Reprinted in *The Expositor's Bible Commentary*. Ed. by F.E. Gaebelein. Grand Rapids, MI: Zondervan, 1979. Vol. 1. Pp.419~33.

這是一篇適合初學者參考的專文，文筆流暢、可讀性高。

Finegan, J. *Encountering New Testament Manuscripts*. Grand Rapids, MI: Eerdmans, 1974.

此書是一本相當好的手抄本簡介，比梅氏（ Metzger ）的 *Manuscripts of the Greek Bible* 精簡，並非一本廣泛的綜論。

Greenlee, J.H. *Introduction to New Testament Textual Criticism*. Grand Rapids, MI: Eerdmans, 1964; and revised edition in 1995.

這原是一優良的範本，可惜有點過時，即使是修定本，仍未見大改進。

______. *Scribes, Scrolls, and Scripture*. Grand Rapids, MI: Eerdmans, 1985.

內容方面，幾乎與其 1964 年之作沒有兩樣，但行文上就更爲簡潔。

Hodges, Z.C. and Farstad, A.D., eds. *The Greek New Testament According to the Majority Text*. Nashville, TN: Nelson, 1982.

這是主流文本類型（ Majority text type ）的重要範本。

Holmes, Michael W. "Textual Criticism." In *New Testament Criticism and Interpretation*. Ed. by D.A. Black and D.S. Dockery. Grand Rapids, MI: Zondervan, 1991. Pp.99~134.

Metzger, B.M. *The Text of the New Testament: Its Transmission, Corruption, and Restoration*. 3rd rev. ed. (1st ed. 1964). Oxford:

OUP, 1992.

與亞蘭氏（Aland）的 *The Text of the New Testament* 相當，同樣是這方面最盛行的範本。

______.*The Early Versions of the New Testament: Their Origin, Transmission and Limitations*. Oxford: OUP, 1977.

這是一本有關新約早期譯本的簡介範本。

______. *Manuscripts of the Greek Bible: An Introduction to Palaeography*. Oxford: Oxford University, 1981.

這可算是聖經古卷最全面的綜論，且附有許多插圖和解釋。

______.*A Textual Commentary on the Greek New Testament*. 2nd., New York, NY: United Bible Societies, 1994.

這可能是新約希臘文學生一本最重要的參考書，評論 ***UBSGNT***–第四版中所有異文。

Pickering, S.R. *The Identity of the New Testament Text*. Rev. ed. Nashville, TN: Nelson, 1980.

這是爲辯護拜占庭經文類型的著名之作，甚爲缺乏第一手文獻的研究。

Robinson, M.A. and W.G. Pierpont (eds.). *The New Testament in the Original Greek according to the Byzantine/Majority Textform*. Atlanta, GA: Original Word, 1991.

這是根據拜占庭經文類型的希臘文新約修定本，比 Hodges-Farstad 之作更優勝。

Sturz, H.A. *The Byzantine Text-Type and New Testament Textual Criticism*. Nashville, TN: Nelson, 1984.

這是拜占庭經文類型的主要擁護者，比 Pickering 之作的質素更佳。

Westcott, B.F. and Hort, F.J.A. *Introduction to the New Testament in the*

Original Greek. Volume I: Text, volume II: Introduction, Appendix. Cambridge University Press, 1881. (Second edition: Text, 1890; Introduction, Appendix, 1896).

Vaganay, León and Christian-Bernard Amphoux. *An Introduction to New Testament Textual Criticism*. 2nd edition, revised and updated. Trans. J. Heimerdinger. Cambridge: Cambridge University Press, 1991.

這可謂是羅馬天主教在這方面最著名的綜論，尤其強調教父著作的文獻證據。

中文主題索引

十九畫

二十畫

英文主題索引

中文人名索引

四畫

五畫

六畫

七畫

八畫

九畫

英文人名索引

作者簡介

黃錫木

加拿大亞伯達大學古典文學（古希臘文和拉丁文）文學士（1985），美國惠斯敏特神學院聖經研究碩士（1987）及神學碩士（1988），南非普勒陀利亞大學希臘文系文學博士（1990）。曾為美國俄利根大學語言系之訪問學人（1996～1997），現任香港中文大學崇基學院神學組榮譽副研究員並兼任講師。中英文學術性編著書目和專文共四十多項，近年出版包括《新約希臘文創意入門》、《新約研究透視》、《基督教典外文獻概論》，以及《福音書總論與馬可福音導論》。

緊扣時代 服事教會

以文字傳揚基督真道

讀者意見表

衷心多謝你購買本社書籍。本社一直致力以出版事工服事教會，幫助信徒扎根於神的話語，促進靈命增長。為使我們的出版更能滿足你的需要，請填寫下列各項資料，並寄回或傳真予本社。

所購書籍：________________

本書最吸引你的地方：
☐作者 ☐適切性 ☐文筆 ☐設計 ☐實用性
☐其他：________________

購買本書地點：
☐基道書樓 ☐基督教書店 ☐非基督教書店

性別：☐男 ☐女 職業：________________

信仰：☐基督徒 ☐非基督徒

年齡：☐ 16 歲或以下 ☐ 17～25 歲 ☐ 26～35 歲
☐ 36～55 歲 ☐ 56 歲或以上

學歷：☐中三或以下 ☐中五 ☐預科
☐大學 ☐研究院

☐我欲更多了解基道出版社的事工及考慮支持，請寄給我下列資料：
☐機構簡介 ☐新書資料 ☐基道會員通訊
☐《基道文字事工通訊》

姓名：________________ 電話：________________

地址：________________

____

傳真：________________ 電子郵件：________________

其他意見：________________

____

多謝賜教！

意見表可以傳真（2687-0281）或直接郵寄以下地址：
香港沙田火炭坳背灣街26號富騰工業中心1011室
基道出版社編輯部收